AF453914

HISTOIRE
GENERALLE
DES
PLANTES
ET HERBES.

Avec leurs propriétez.

PAR M. LEONARD FUCUS.

Avec la vertu du Petum ou Nicotiane,
vulgairement appellé herbe à la Reine.

A TROYE,

Chez la Veuve de Jacques Oudot, &
Jean Oudot Fils, Imprimeur &
Libraire, ruë du Temple, 1721.

____

Avec Permission Royale.

L'IMPRIMEUR
AU LECTEUR.

Ce jourd'hui c'est ce Livre presenté,
En beau François bien translaté :
Auquel pourras prendre (si bon te semble)
Et guérison & plaisir tout ensemble :
Car il n'y a mal d'aucune espece,
Qui n'ait icy sa guerison expresse,
Par ce moyen connoîtras le desir
Des Imprimeurs à te faire plaisir,
Dont receuras un profit incroyable,
Etant cet œuure à tes yeux desirable.

HISTOIRE
DES PLANTES.

Avec leurs vertus & propriétez.

De l'Auronne ou Garderobe.

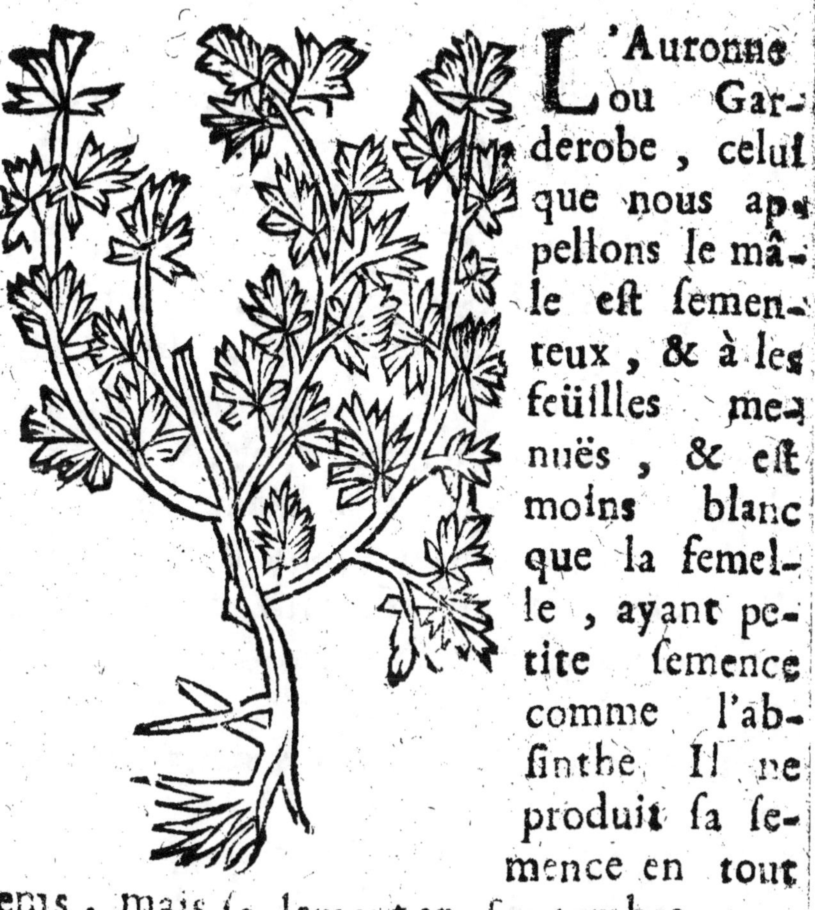

L'Auronne ou Garderobe, celui que nous appellons le mâle est sementeux, & à les feüilles menuës, & est moins blanc que la femelle, ayant petite semence comme l'absinthe. Il ne produit sa semence en tout tems, mais seulement en Septembre, auquel tems il se trouve plein de semence.

LA fe-
melle est
un arbrisseau
ayant figure
d'arbres ,
feüilles bran-
ches tran-
chées & dé-
coupées au-
tour des ra-
meaux , ayant
force fleurs ,
& produisent
au dessus du
sommet force
corimbes cô-
me petits rai-
sins reluisans de splendeur d'or, & si est o-
dorant , avec grumitez d'amertume. Le
mâle croît par tous les Jardins & en autres
lieux champêtres, ils fleurissent l'un & l'autre au mois d'Août, les faut cueillir en Septembre. L'Auronne est chaud & sec, &
tient mediocrité, entre les deux tempera-
mens.

Les Vertus de l'Auronne.

L'autonne échauffe fort bien desleché
car en broyant les feüilles & les fleurs, le

reſte eſt inutile, & mettez ſur un ulcere vous les trouverez fort mordicans. Et ſi vous en trempez en huile, & aprés en frotez la tête ou le ventre, vous trouverez qu'il échauffe à merveilles. Et ſi ceux qui ont friſſon par intervales, ſe frottent de ladite herbe avant que ledit friſſon leur viennent, ils ſentiront une chaleur incontinant qu'ils en toucheront Quand à tuer les vers, il eſt aiſé à voir qu'il y eſt bon, à cauſe de l'amertume qu'il a, ladite herbe eſt ſinguliere pour la defluction des cheveux & de la barbe, étant mêlé en huile, qu'on dit *Cicinum* qui ſe fait de la graine de *Palma Chriſti*, qu'on nomme *Ricinum*, ou avec huile de Rainfort, car elle provoque auſſi la barbe venant tardivement avec une de ces huiles ou bien auſſi trempée en huile de Lentiſque : car elle a vertu rare & apparitive : mais il eſt ennemi de l'eſtomach. Il eſt efficace contre les venins qui ſoudainement font trembler de froid, comme ceux des Scorpions & des Phalaques, qui eſt une eſpece d'Ariagne, & eſt auſſi très-bon contre tout poiſon, qui apporte rigueur ou froidure de quelque façon que ce ſoit, & pour tirer ce qui eſt infigé dans le corps. Il guérit les maladies qui ſont és inteſtins & boyaux. On dit qu'un rameau de ladite herbe mis ſous le chevet du lit, engendre envie d'habiter avec les

femmes & que c'eſt un ſouverain remede
contre les Enchanteurs & noüeurs déguil-
lettes: Ladite herbe eſt bûë avec vin eſt an-
tidote contre les poiſons mortels. Il chaſſe
les Serpens & remedie aux inflammations
des yeux avec une pomme de coing cuite,
ou mie de pain appliquée deſſus. Mêlé a-
vec farine d'orge & cuite, guérit les froncles & petite boſſette, ſelon Dioſcoride.

Des Guimauves.

LA Guimauve
ſe delecte aux
lieux gras & humi-
de, il faut cueillir
ſes racines vers le
commencement de
l'Automne ; c'eſt à
dire à la fin du mois
d'Août, ou com-
mencement de Sep-
tembre , comme
quaſi de toutes les
autres herbes , &
faut cüeillir les
feüilles & la graine
en Eté. Elle fleurit
en Juillet & Août. Les feüilles & fleurs
ſont chaudes & ſeiches au 1. degré, & la

racine au commencement du second.

Les vertus

La racine cuite en eau mieillée, ou en vin ou beuë seule est très-bonne aux playes & pour guérir les paralisies, c'est à dire, postumes qui viennent derriere les oreilles, & enfleures qui viennent à la gorge & au col, inflammations de mamelles contusions du siege enfleures & relâchemens de nerfs; car elle resout, meurit, ou rompt & fait venir à cicatrice étant cuite en vinaigre, apaise la douleur des dents, si on s'en lave la bouche, sa semence rompt les pierre de gravelle dans le corps, sa racine cuite en eau, arrête le flux de ventre, prise avec vin blanc, guérir les écroüelles ou goytrons, les feüilles seiches boüillies en laict sont bonnes pour proprement guérir la plus mauyaise toux du monde.

De la Saxifrage.

LA Saxifrage est ainsi appellée, parce qu'elle rompt & jette les pierres hors du corps: elle est dite rompierre, pour autant qu'elle vient dans les roches; c'est une herbe branchuë, qui a les jonc déliez noirs & courts. Les feüilles polies par dedans & par l'autre côté des pointes affichées sur le dos sans fleur, sans graine, & la racine noire & de nulle nullité. Elle croît en abon-

La forme.

dance dans les vieux édifices, & parmi les liaisons de pierres, l'on en trouve au Printems & en Esté, principalement au mois de Juin. On infere assez par les facultez & par son goût) auquel apparoît) qu'elle est quelque manifeste astiction chaude & seiche.

La vertu.

La Saxifrage cuite & bûë en vin secours les Frabricitans & si medecine la difficulté d'uriner le sens. Elle rompt les pierres de la vessie, & provoque l'urine (selon Paul.)

Des Cheveux de Venus.

CHeveux de Venus naît en lieux ombrageux palustres, & aux moittes & humides murailles, & prés des Fontaines, il est verd & en fleur en Esté, & ne meurt

La forme.

point en Hyver. Il est temperé en chaleur & frigité, mais il defeiche.

La vertu.

La decoction de cette herbe Adjuntum bûë, aide & conforte les Afmatiques, ceux qui l'alainnent ou refpirent à mal aife, ceux qui ont la jauniffe ; ceux qui ont mal de ratelle, & qui ne peuvent uriner. Elle brife la pierre de la gravelle, referre le ventre, l'on applique cette herbe cruë en forme de cathaplafme fur les morfures venimeufes : elle remplit les places vuides de poil en la tête, elle abbat les ftrumes, elle confume avec leffive, les lentes & forfures, femblables à ceux qui viennent en la tête, & guérit la tigne. Elle retient les cheveux qui tombent reduite en oignement avec Lada-

num fufinum, ou *Mirthinum* avec vin &
hyfope, la decoction d'icelle avec vin eft
abftèrfive.

Cetteherbe mêlée avec la viande des coqs
& des cailles, les enhardit & encourage à
joûter & combattre. Elle eft bonne, profitable à planter autour des prez bergerie.
Theophrafte fait deux efpeces d'Adianum,
Diofcoride trois, & non quatre.

De l'Afperge.

L'Afper-
ge à la
vertu abfter-
five toute-
fois , c'eft
fans mani-
fefte chaleur
ou froidure ,
on la feme &
plante dans
les Jardins &
vient auffi
d'elle même
en aucuns
lieux pier-
reux incon-
tinent , au
Printems la petite tige fortant hors de terre on amaffe fon épic pour manger ; lequel
pour fa bonne tendreffe plufieurs friands

l'ont tourné en plaisir de gourmandise, au-jourd'hui l'Asperge cuite en potage, puis mise en huile, sel, vinaigre, est une grande viande & un des principaux mets de grands Seigneurs. On amasse sa graine en Esté.

Les petits clons de l'Asperge, cuits & mangez lâchent le ventre & provoquent l'urine, la decoction de la racine donne remede aux difficultez de l'urine, à la jaunisse à la colique neterique, c'est à dire la graveleuse, & aux gouttes sciatiques. Sa semence en breuvage, est bonne à tous les susdits effets. On dit que les chiens meurent ayant bû de ladite decoction.

Du Suzeau ou Suyer, qui sont deux espece d'Hyebles.

Il y a deux especes de Seu ou Suzeau, l'un devient en arbre, lequel les Apotiquaires appellent simplement Sambucus, & les François, du Suzeau ou Soyer, l'autre espece nommée en Grec *Camajacti*, comme qui diroit bas Suzeau, à cause qu'il n'est pas si grand que l'autre, & a nom en Latin *Ebulus*, & en François Hyeble.

Les Hyebles croissent en lieu ombrageux & escars, se trouvent auprés des eaux; mais l'Hyeble croît en plusieurs champs,

La forme.

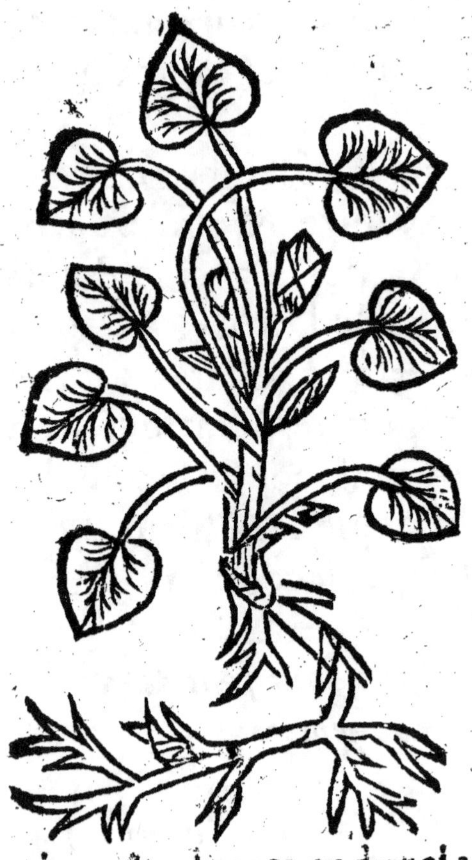

de cuir provoque les fleurs menstruales , & fait sentir le fruit de la matrice , il augmente le lait. On l'applique aux inflammations des genitoires & mirmerie , & pourreaux de large assiette , cuit avec orge & miel on l'aplique aux gratelles & rongnes , impetigines & ulceres endurcis.

Il y a une autre sorte de poids chiches , dit *Circer arietinum*, c'est-à dire , poids chiches de Belier , l'un & l'autre provoque l'urine & leur purée avec du romarin est bonne contre la jaunisse & hydropisie , mais blesse les reins la vessie ulcerée. Il y en a qui contre poirreaux de large assiette , verruës , dites acrochordonnes , ordonnent le toucher au renouvellement de la Lune les têtes d'autant de poirreaux qu'il y aura

dite matrice. Son fruit pris en breuvage
avec vin, est bon en même effet d'icelui
les cheveux oingt ou frottez deviennent
noirs. De ses feüilles fraîches & tendres,
avec farine d'orge oignant les inflammations ont les mitige. L'on en guérit aussi
les balustres & les morsures des chiens enragez. Il remedie semblablement aux gou-
teux & podagers, les oignant d'icelui a-
vec suif de bœuf ou bouc. De la decoction des feüilles, arousant la maison, y
fait mourir les mouches. Il vient certaines pistules rouges par tout le corps (maladie dit vulgairement la Rougeole) qui
est guérie en se baignant le corps des rameaux de ladite herbe, La fumée de
l'Hyeble chasse les serpens. Les tendrons
& feüilles pillées prise avec du vin, tirent
hors la gravelle guerissent les testicules é-
tant appliquez dessus.

Des Poids Chiches.

POids Chiches sont dit en Latin *Cicer*,
Il y en a trois especes, blanc, roux,
noirs, & sont differents, principalement
en fleur, car celui que tu vois qui est noir,
les produit rouges, & les blancs, blanches.
Le Poids Chiche cultivé fait bon ventre,
il fait uriner, il enfle embe lit la couleur

La forme.

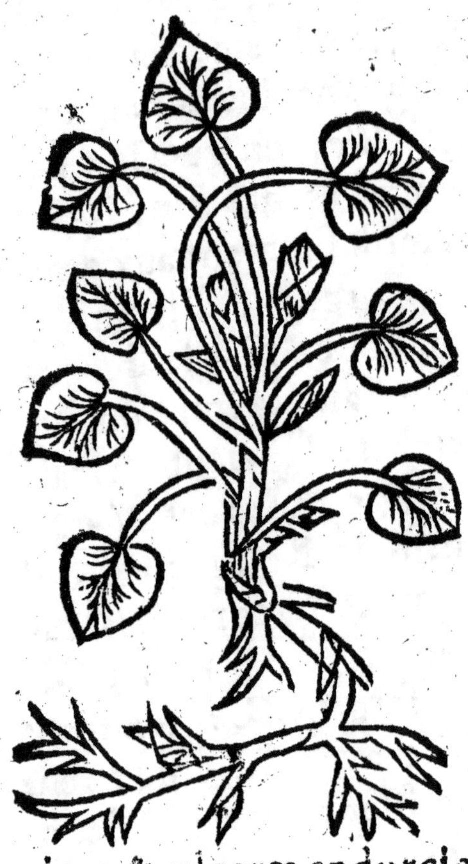

de cuir provoque les fleurs menstruales, & fait sentir le fruit de la matrice, il augmente le lait. On l'applique aux Inflammations des genitoires & mirmerie, & pourreaux de large assiette, cuit avec orge & miel on l'aplique aux gratelles & rongnes, impetigines & ulceres endurcis.

Il y a une autre sorte de poids chiches, dit *Circer arietinum*, c'est-à dire, poids chiches de Belier, l'un & l'autre provoque l'urine & leur purée avec du romarin est bonne contre la jaunisse & hydropisie, mais blesse les reins la vessie ulcerée. Il y en a qui contre poirreaux de large assiette, verruës, dites acrochordonnes, ordonnent le toucher au renouvellement de la Lune les têtes d'autant de poirreaux qu'il y aura

d'autant de poids chiches, puis le raffem-
bler & envelopper en un linge & jetter derriere foi, lesdits poirreaux tombent.

Du Chou.

LE Chou engendre mauvais fuc & mélancolie, il hebête la vûë, empêche de dormir par fonges & rêverie, fon jus entre - mêlée purge aucunement, mais la tête de la fubftance du Chou, reffere pource que là où nous voulons deffeicher le ventre par trop humide: nous faifons un peu boüillir les choux, puis jettons la premiere eau, aprés les remettons incontinent en une autre toute boüillante, car le Chou qu'on veut deux fois cuire ne doit toucher en eau froide. Le Chou d'Efté eft de plus mauvais

suc que celui d'Hyver. Il provoque toute
fois l'urine, tuë les vers, aide à ceux qui
sont malades pour être enyvrez   On dit
qu'il guérit d'étourdissement de tête & é-
bloüissement de vûë, qui sont cause d'humidité.

La vertu.

Le Chou cuit avec chair bien grasse,
perd beaucoup de sa malice. La fleur par
certaine proprietez occulté, corrompt la
semence generative. Il blesse le poulmon,
& on dit qu'étant pris devant toute autre
viande, il empêche que l'on ne s'enyvre,
& que son jus pris avec miel, aide merveilleusement à ceux qui perdent la voix,
il conglutinent les playes étant appliqué
dessus, & guérit ulceres malins & inflammations endurcis.

Du pied de Veau ou autrement nommé Aaron.

Aaron est une herbe qui vient és bois
& lieux ombrageux, froids, humides, les feüilles d'Aaron sortent incontinent au mois de May, entre les herbes du
Printems, & se perd en Juin, tellement
que pour cette cause, à grande peine on peut
trouver cette herbe, la graine se trouve au
mois

La forme.

mois de Juillet. En Août premierement est verde, puis elle devient jaune dorée.

Les vertus se-lon Dioscoride.

La racine, la semence & les fueïlles d'Aaron ont les mêmes ver-tus que la ser-pentine , sa racine particulierement mêlé avec fiante de bœuf est profitable à oindre les gouttes podagres. On la garde comme la serpen-tine, & est totalement bonne à manger à cause de son acrimonie, plus douce & moins poignante

La racine d'Aaron se mange comme cel-le d'un Navet. Quand tu voudras bien l'ap-prêter il faut jetter & reprendre l'eau de la premiere decoction, soudainement la ra-

jetter dans une autre eau boüillante, comme il est dit des chaux & lentilles. Aussi
bien avec l'oximiel est bon pour l'estomach
avec du lait de brebis pour les entrailles
blessées ou écorchées, les autres les cuisent
dans du lait, en boivent la decoction, ils
en appliquent aux yeux pleurant ou Epi-
phores, aux coups meurtris & aux glandes
des emonctoires. Ils en distilent avec l'huile
sur les Hemorroïdes & en oignent les lentilles où petites taches rousses viennent sur
le corps avec miel. Il tire hors les fruits de
tous les animaux, la nature en étant oint
autour. Le jus de sa racine avec miel attire
& chasse les éblouïssemens des yeux & les
vices de l'estomach. La decoction avec
miel guerit fort bien la toux.

De l'Espargoutte.

L'Espargoutte est une herbe qui croît
aux Jardins és lieux secs & pierreux,
se ceuille quand le raisin se meurit, alors elle abonde en fleurs. Elle échauffe & moyennement desseiche. Elle est chaude en second
degré, & quand à la siocité elle est entre le
premier & le second.

Selon Dioscoride, il y a trois especes d'Ar-
moises, dont la deuxiéme est appellée en
François Mince-feüille, qu'aujourd'hui on

La forme.

nomme Ma-
te Icantla , ou
Espargoute ,
pource qu'el-
le remedie à
la matrice.

*De l'Ortie
commune.*

Dioscoride,
fait deux es-
peces d'Or-
ties, l'une â-
pre , qu'au-
jourd'hui on
appelle Or-
tie Grecque
ou Romaine.
L'autre qui vient és hayes , buissons & par
tout. L'Ortie Romaine à la tige ronde â-
pre , rude , les feüilles aussi plus sauvages ,
plus âpres , plus larges , plus noires. La semence semblable au lin , comme boulettes
amassées , mais moindres plus menuë que
celle du lin : l'autre est semblable à la premiere , sinon qu'elle n'est pas si âpre , & la
semence plus mince , elle se doit cueillir au
rems de la moisson. L'Ortie est subtile &

La forme

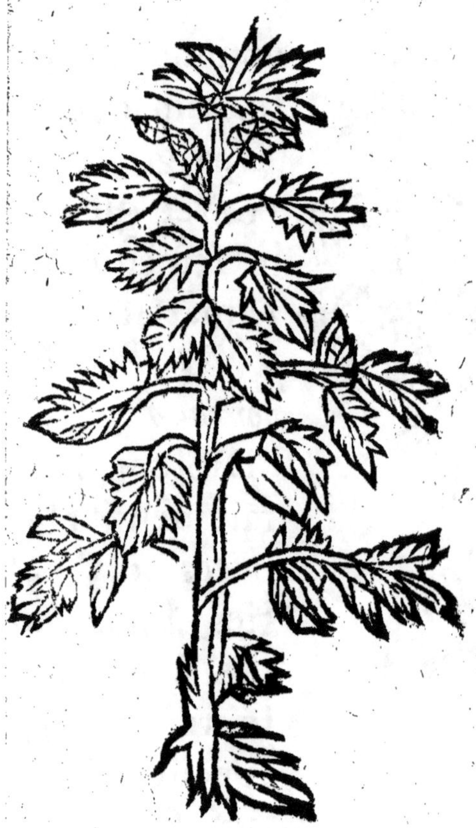

penetrante partie de seiche tempe-rature. Le jus empeint & appliqué sur le front arrête le sang qui flux du nez. En breuvage il fait uriner, brise la pierre de gravel-le, les bêtes fe-melles à quatre pieds ne voulant reçevoir le mâle pour concevoir montrent qu'il n'en faut trouer que la nature Elle reme-die aux morsures des chiens, étant broyée & appliquée avec un peu de sel. Sa racine broyée & mise dedans le nez étanche le flux de sang.

Elle guérit avec du sel les ulceres chan-creux & boüeux. Elle fait vomir tout à l'aise, prise aprés souper en eau mêlée, la quantité de deux oboles ; mais si on n'en boit qu'une obole en vin, elle ôte le las-situde. Elle empêche les enfleures de l'es,

tomach bûë avec du vin cuit. Elle est très-
bonne pour appaiser les douleurs de côté
mise en cathaplame avec graisse de lin,
quelque peu d'hyssope & de poivre.

Elle amolit le ventre dur, étant rôtie &
prise avec la viande Hypocrates dit qu'elle purge l'amari, étant prise en breuvage,
enleve toute douleur, prise en breuvage a-
vec vin doux (la mesure d'un à cetabulé)
c'est à-dire dix-huit dragmes, & par dehors appliquée avec jus de mauve. Elle réü-
ni honnêtement du poil les places pelées appliquée dessus. Estant confite avec graisse
de porc, est profitable és mules & talons.
Elle remet les amatris cheutes, le fondement des petits enfans. L'Ortie griesche
frottées sur les cuisses & jarets, plûtôt sur
le front de ceux qui sont dans l'étargie,
les reveille & les fait revenir à eux.

Selon Plin. La semence bûë en vin cuit
alguillonne l'apetit charnel. Elle guérit
toutes bossettes, pistules & enfleures qui
viennent derriere les oreilles, les ulceres
engreveux & chancreux, somme tous ceux
qui veulent être sans modification desseï-
che, elle les guérit bien promptement,
selon Galien.

Nous appellons l'Ortie Romaine, Ortie
mâle, ayant semence amassée en petits
boulets, telle que le lin, mais elle est plus

petite. La plus grande croît és hayes des
clos & jardins , icelle nous appellons Ortie
griesche.

De la Coulevrée blanche.

*Qu'aucuns nomment Feu ardent , d'autres
Coulvrée sauvage , ou folle Vigne en Vi-
gnette, elle se grimpe & attache aux buissons prochains , les empoignants avec ses
cornichons : Elle a le fruit tel qu'un raisin , & est rouge , duquel on appelle les
ouyes. Sa racine est blanche , grosse &
grande.*

L A Couleuvrée blanche fleurit tout le
long de l'Esté, jusques bien avant en
Automne, auquel elle produit son fruit lequel est premierement vert , & aprés qu'il
meurit il commence à devenir roux , ses
premieres tendrons ont obstriction aucunement amer, moyennement aigre. Sa racine
desseiche, mortellement échauffe.

Ses vertus selon Dioscoride & Pline.

Les premiers tendrons de la Couleuvrée
blanche boüillie en eau, & mangée en sa-
lade , provoque l'urine & amolit le ventre. Les feüilles , le fruit , la racine mis en

La forme

onguent avec du fel , font très - bons à appliquer fur les ulceres , charognes , mortifiez , ambulatifs , rongeant & & nourriffant les jambes. Elles a une vertu fingu-liere , qu'el-le retire les os rompus , bien appliquée & pillée avec de l'eau comme Brionie. Par-quoi aucuns l'appellent Brionie blanche. Le jus de racine fe doit tirer premier que la femence foit meure , duquel fi feulement on oinct & frotte, ou bien avec poudre d'O-robance , il embelit le corps de teint plai-fant & vermeillet & de tendreté de chair. Elle corrïles vices de la face , poirreaux , piftules , durillons , faphirs , lentilles , ci-catrices noïres , avec farine d'orbane , texre de l'Ifle de Chious & feugrée. Ceux qui font vexez du haut mal, qui en boivent la quantité d'une dragme tous les jours un an entier. Elle tuë le fruit de la matrice, elle trouble aucune fois l'efprit, elle fait uriner prife en breuvage. Elle tire le fruit & l'arriere faix appliquée fur la matrice, elle confomme les duretez de la ratelle, prife à la quantité de trois obole avec vinaigre, par l'efpace de trente jours, fon fruit eft bon contre rongnes gratelles, mal de faint Mein, les malades en étant oingts. Le jus de ce fruit humé avec la decoction de froment, fait venir en abondance de laict aux femmes.

Elle purge le phlegme bûë en eau mêlée le poids d'une dragme. L'on froiffe & broye la racine avec figures graffes, laquelle ôte les rides du corps fi-tôt aprés qu'il en eft oingt, il cheminoit deux ftades, c'eft à dire deux cens cinquante pas, car autrement il brûle foudain s'il n'eft lavé d'eau froide, nous l'appellons Brionie Couleuvrée, parce que les Couleuvres aiment d'heberger à l'ombre d'icelles, les autres l'appellent Feu ardent, de la vertu cauftique de fes brayes rouges.

De la Coulevrée noire ou Viorine, qui est dite Vigne noire, parce qu'elle a sa racine noir, & semblable à la Vierge.

CETTE herbe a les feüilles semblables au Lierre, mais de plus prés approchantes à celle des Milaux qui est Phasculle, à laquelle aussi elle a les tiges semblables, combien que les feüilles soient plus grandes. Elle embrasse les plus tendres cornichons des arbres prochains ainsi que l'autre Coulevrée. Sa semence est entassée comme une grappe de raisin, verdoyante au commencement & noir quand elle est meure Sa racine est noir par dehors, & par dedans de couleur de buys. Les fleurs blanches & d'une odeur suave, lesquelles fennies & tombées, vlent

C

tantôt aprés la semence comme plume revêtuë, ou ayant figure & semblance d'une herbe chenuë.

Elle vient és hayes & buissons, elle fleurit au mois de Juillet, & en Août, porte semence. Elle a même temperament, & sa couleur est blanche.

La Vertu, selon Dioscoride, Pline, & Galien

Les tiges de Coulevrée noire, qui prémierement germent & bourgeonnent, se mangent comme les autres herbes à potage, & ce pour provoquer l'urine & fleurs menstrualles. La racine fait les mêmes choses que celle de la Coulevrée blanche, mais elle est moins d'efficace, les feüilles avec vin, appliquées en forme de cataplasme sont trèsbonnes aux ulceres qui viennent au col des chevaux & autres bêtes portans fardeaux. Joint que l'on les applique en même forme sur les membres remis & dénoüez. Sa racine est plus vertueuse à tirer les os rompus que celle de la blanches.

L'on dit que si on la plante & l'on en fait trellie en une Métairie, les espriviers & les Oyseaux de proye n'en approcheront, & ainsi seront les Poulailles & autre Oyseaux domestiques en sureté. Icelle liés autour des talons des hommes & des chevaux , guérit les flegmes , & étanche le sang qu'ils jettent par la bouche.

Le Fenoüil avec les vertus d'icelui.

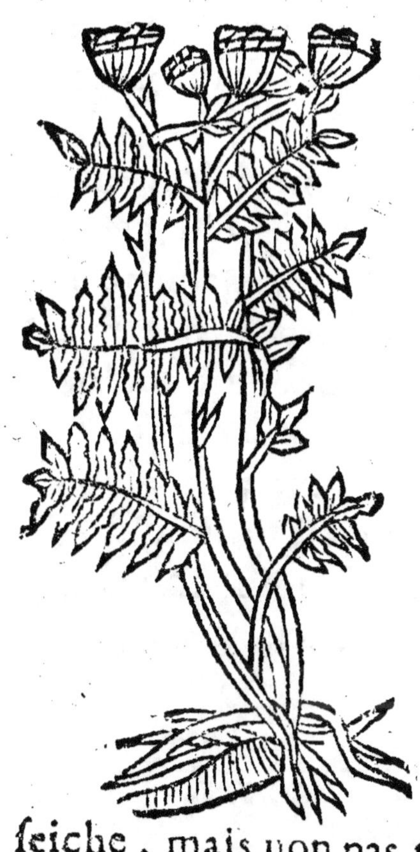

LE Fenoüil est connu de tous, étant semé il vient par tout les Jardins , quelquefois aussi il vient de soi même. On le cuëille quand la tige s'engrossit. Il fleurit au mois de Juin & Juillet, & échauffe si fort , qu'on peut le mettre au rang de ceux qui échauffent au tiers degré, il desseiche , mais non pas tant, pourtant le peut-on mettre au premier degré seulement.

Le jus mis & distilé dedans les oreilles tuë les vers qui y sont. Elle resserre l'estomach , dénoüé & lâche. Elle ôte l'envie de vomir, pillé en eaux , si on prend peu , elle resserre le ventre beuvant de sa decoction : elle remplit les mammelles de lait

a racine bûë avec tisanne, purge les reins:
esdites feüilles pouffent la pierre hors de la
essie. Le Fenoüil pris par dedans en quel-
ue maniere que ce soit, fait venir grande
bondance de femence generative , il eft
laifant & aimable aux parties honteuses,
oit qu'on les veuilles étuver de la racine
uite en vin, ou les frotter d'icelle pillez
n huille.

Plufieurs les mettent fur tumeur & meur-
riffeures avec cire, ils ufent pareillement
le ladite racine avec jus de miel, contre la
norfure des chiens. Les Serpens ont mis
en honneur le Fenoüil, fe dépoüillant de
eur vieille peau de fon goûter, & fe refai-
ant la vûë offufquée, & la rend très-aiguë
qui a fait connoître que c'eft un fingulier
remede pour les yeux. Le Fenoüil échauffe
u troifiéme degré , & deffeiche au premier, felon Pline.

Du Serpolet avec ses vertus.

L.E Serpolet cultivé, n'eft pas beaucoup
different à l'Orignan , nommement
quant au feüilles & tinfeaux qu'il a feulement plus blanc, puis quant à l'odeur ,
il reprefente du tout la marjolaine. Il fe
traîne par terre , & ne fe dreffe point
droit : mais au contraire le Serpolet fau-

La forme.

vage ne
traîne poir
ainsi se dre
se droit ave
branches for
grosses me
nuës, dur
comme bois
chargez d
feüilles d
Ruë: mais e
les sont un pe
plus étroite
Il porte fleu
rons violets d
cõmencemen
aprés, ave
goût de bonne plaisante odeur, la racin
fenduë & départie en plusieurs pieces.]
aime terre seiche, & fort maigre & décou
verte à l'abry.

Le sauvage provient entre les pierres, é
montagnes, terres & descentes; en sort
qu'il semble presque qu'elles en soient tou
tes revêtuës, & fleurit icelui tout le lon
de l'Esté, le cultiver au mois de Juin 8
Juillet: le Serpolet est acre au goût, 8

parce fort chaud, tant qu'il provoque les urines & fleurs menstruades, le jus d'icelui pris à la quantité de quarre dragme, avec vinaigre, appaise les vomissemens de sang si on en boit la decoction, il allege les tranchés du ventre, contusions rompures & inflammations de foye.

Il est très-bon contre bêtes venimeuses qui se traînent, & soit pris en breuvage ou appliquée par dehors, il appaise la douleur de tête, bien cuit avec de l'huile rosat & détrempé en fort vinaigre, mais principalement il convient au mal qui assoupit & étourdit le patient, qu'il appelle litargie. Le Sauvage est de plus d'éfficace pour la medecine que la cultivés, parce qu'il a plus grand suc & vertu, desseche pour ceux qui ont été travaillez de longue phrenesie, détrempez en vinaigre & assoupit, puis cuit avec huile rosat.

Quand on le brûle, il chasse de son odeur tous serpens & animaux venimeux, & parce le mêle-t'on en la viande des Moissonneurs à ce que par avanture quand ils sont las, le sommeil les surprend, les puissent seurement repouser, & qu'icelles bêtes qui jettent leur venin ne leur fassent mal. Cette herbe est chaude & fort aiguë selon Dioscoride.

De la Melice & de ses vertus.

LEs feüilles & petites tiges de la vraye Melice, sont semblables au Marralin noir, plus grande toutes fois, & plus menuës, mais elles ne sont pas si bonnes, & ont odeur de Citron. Les officines usent aujourd'hui d'une herbe qui sent les punaises au lieu de Melice, c'est abus, car vû que son odeur est puante il n'est pas vray semblable que les mouches à miel prennent plaisir, au contraire : elle s'éjoüissent fort en la Melice : pource que son odeur est tant agréable & plaisante, qu'étant semée au traver de la maison, la remplit d'une douce & suave odeur, la vraye Melice croît és forêts, s'anéantit à quelque stades és Jardins il la faut cüeillir au mois de Juin, auque

tems elle est pleine de pleurs. Elle est estimée chaude au second degré , elle ne desseiche pas tems , mais on la pourra mettre seicher au premier degré seulement. Si on
frotte les ruches des mouches à miel de la
vraye Melice : les mouches à miel ne s'en-
fuïront point : car il n'y a fleur en quoi elles
se réjoüissent plus.

Elle retient aisément les nouvelles mouches , s'il y en a quantité auprés desdites ruches , & si est un bon remede contre les pic-
queures desdites mouches & contre pointures de guespes , souris arraignées , & scorpions. La decoction d'icelle appaise la douleur de dents , si on les en lave. L'on en
fait clysteres profitables aux dissenteries.
Les feüilles bûë en vin, donnant allegeance
aux stangulations , & suffocations qui
v ennent d'avoir mangé des champignons ,
& si donnent allegeance aux tranchées.
C'est chose singuliere de frotter les yeux
de jus de Melice avec miel , aussi contre les
éblouïssement , & tremblement de vûë ,
selon Pline & Galien.

La Chasse bosse ou Corneole ; qu'aucuns ap-
pellent, Lysimachie ou Lytron.

L A Chasse bosse ou Corneole rouge produit les tiges hautes d'une coudée ou

La forme.

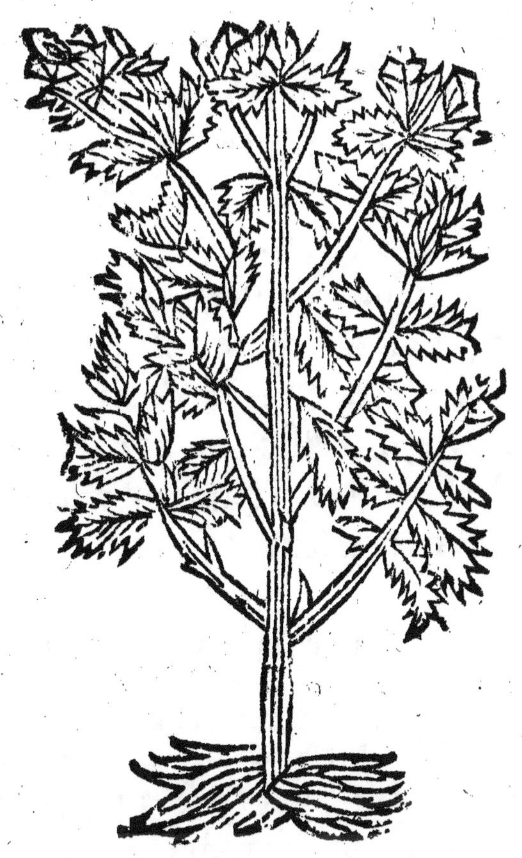

plus grosses & branchuës des nœuds desquels sortent feüilles grosses semblables à celles de sault, estraigeantes en goût. Elle naît aux lieux marêcageux, principalement là où croissent les feux fleurit aux mois de Juin, & au mois de Juillet, la fleur est rouge. Pline & aussi Dioscoride en écrivent une autre espece, qui a la fleur rouge, tirant sur la couleur d'or. La rouge porte graine és gousses. La jaune aprés que les fleurs sont tombées porte graine semblables à la Coriande, laquelle à vertu astrigeant, ni plus ni moins que les feüilles, Dioscoride dit que le jus de ses feüilles abstrige de la nature & profite, tant en breuvage que

clystere, crachement de sang, dissenteries,
& iceluy ainsi és lieux secrets des femmes
arrête leur flux.

Contre le flux de sang pareillement, en
mettant un peu de ladite herbe dans le nez.
Elle sert aux playes, & resserre le sang. La
fumée d'icelle qui est fort acre, chasse tous
serpens, & tuë les mouches.

Sa vertu est si grande, que si on la met
au collier des chevaux s'entrebattant elle
les appaisera. Elle seiche pilée & mise en
poudre, est de grande efficace contre les
playes & écorcheures qui viennent par les
souliers qui sont mal-aisez.

De la Vigne cultivée, avec les vertus d'icelle.

POur la douleur de la tête, prens les
feüilles de vignes avec les tendrons
qu'ils soyent broyez & emplâtrez dessus
cela : elle mittige les douleurs avec griot-
seiche appliquée dessus l'estomach. Elle
ôte les inflammations & les ardeurs d'icelui : à quoi aide pareillement les feüilles
seules, chaudes, ou froides & astrictives.
Les tendrons de la vigne mis en infusion
dans l'eau est fort bonne à l'estomach debile, & à l'appetit corrompu des femmes enceintes. La liqueur des vignes qui se trouvent épaisse en manieres de gomme dans le

La forme.

tronc étant beuë avec vin chasse les pierres hors du corps.

La même ẽplâtre des-sus le feu vo-lage , le mal saint Mein , & la lepre ; mais il est be-soin de frot-ter premiere-ment la place avec sel nitre. elle appaise les inflammations des genitoires appliquée dessus avec farine de féves & comin. Tous raisins ont de commun qu'ils r'appellent l'appetit, & provoquent l'homme aux de-sirs des compagnies charnelles. Les poulles deviennent sterilles si elles mangent du marc de raisins. Les pepins de raisins pilez avec sel, puis emplâtrez sur les i flamma-tions des mammelles & duresses causées par la trop grande abondance de laict, les gués

rit : le raisin seiché au Soleil & broyé sans
pepins avec Ruë, guérit les ulceres dont il
en sort une liqueur comme miel.

Aussi aux petits entracs & ulceres corro-
sifs des jointures ; pareillement aux gan-
graines les guérit, mises sur les ongles mo-
biles les fait tomber en peu de tems l'écorce de la vigne, les feüilles seichez restrai-
gnent le sang des playes & les guérissent,
& la cendre des vignes purge & guérit fistules en bref-tems, & adoucit la douleur
des nerfs, remets à point ceux qui sont
contraints, avec huile guérit morsures de
chiens & de scorpions : la cendre de l'écorce restituë les cheveux perdus, & les multi-
plies, selon Dioscoride.

De la Nelle qui croît aux Froments.

La poudre mise avec miel, & donnée à
manger, chasse les vers du ventre, puis on
en fait une emplâtre d'icelle avec jus d'A-
loyne, & les mets à l'entour du nombril.

La Flame ou Iris avec ses vertus.

Cette herbe a pris son nom de la semblance de l'arc du Ciel. Elle produit
les feüilles semblables au glayeul, mais
plus grandes, plus larges & plus épaisses,

La forme.

& fait les fleurs à la sommité des tiges, separez de pareil intervale l'une de l'autre, remplies & changeantes, & par cela elles sont mêlées de blanc, de verd, de jaune de pourpre. Elle a les racines noüeuses fermes & odoriferantes, lesquelles aprés les avoir taillés en pieces, confituées dans un petit fillet, on les eiche, & on les gardera à l'ombre. La bonne à la racine massif courte, dure, rougeâtre, odoriferantes, mordantes au goût qui fait éternüer quand on l'a pillé. Toutes les Flâmes sont de nature chaude & seiche & sont utiles à tous : prenez les poids de sept dragmes avec eau mêlées de jus ; elles purgent les grosses humeurs de la poitrine, qui ne se crache qu'avec peine.

Elles provoquent le sommeil , provoquent des larmes , & portent medecine
aux ttanchées & passions douloureuses du
corps.

Si on les boit avec du vinaigre , elles
donnent secours aux morsures des bêtes
venimeuses & l'aide à ceux qui sont travaillez de la rate , ensemble ceux qui sont
tourmentez des pâmoisons , & à la froidure & tremblement qui survient sur le commencement des fiévres. Elles sont pareillement utiles & profitable aux fleurs de la semence genitale. Aussi les Flammes étant
bûë avec du vin provoquent le flux mens-
truale , la decoction des flammes s'applique sur la nature des femmes pour amolir
les parties endurcie en icelles , & parce
même ouvrir les opillations. L'on en fait
des clisteres aux Sciatiques & l'on en met
dans les fistules & ulceres caverneux pour
les incarnes. Les racines mise en forme de
suppositoire dans la nature de la femme provoquent le fruit , étant cuite & fait en plâ-
tre , mollifie les écroüelles & dures apostumes. Quand elles sont seiches remplissent la
concavité des ulceres , & les mondifient
oingnez avec miel. Elles recouvrent de
chair les os qui en sont découverts. In-
corporez avec huile rosat & vinaigre , &
emplâtrez sur la tête guérit la douleur d'i-

celle mêlée avec élebore blanc & deux partie de miel, nettroyent les lentilles & toutes
autres macules du visage causée par le
moyen du Soleil. On le met dedans les pes-
saires dans les emplâtres remolitifs, & dans
les medicamens qui se font pour la lasseté.
En general elles servent grandement à toutes choses. Aussi étant machée ôte la puan-
teur de l'haleine en lavant la bouche de sa
decoction, allege les dents gargarisées, resout apostumes du gosier. Et si provoquent
les hemorroïdes. La racine bûë en vinaigre
a pouvoir contre tous venins les suscite par
le nez : tire vertueusement le flegme du
cerveau. Il nuit à l'estomach, & par ainsi
on a accoûtumé de le donner avec la Spina
& eau miellée. La flamme subtile qui n'a
point de suc, medecine, celles qui sont ri-
dez & maigres sont inutiles pour faire aller
en selle prend un œuf de poule, & a milieu
de l'aubun espendu, mets y suc de la racine
de glayeul, mêlant bien avec le moyen &
lequel œuf un peu échauffé aux cendres fait
humer le matin, il fera vuider par derriere
grand quantité d'eau intercute.

*Des penasites ou herbes des tigneux qui vient
en grande abondance és prez humides,
& situez pres aes ruisseaux.*

CEtte herbe produit ses fleurs sur le
commencement du mois de Mars :
mais dès le premier jour d'Avril elles lui
tombent sans aucun fruit. La racine de cette herbe est fort profitable contre fiévres
pestilentieuses, pour ce qui fait fort suer,
prise & reduites en poudre avec vin. Et
n'est de moindre efficace bûë par les femmes
contre les tranchez & suffoccations de la
matrice. Aussi est utile pour tuer les vers &
contre la difficulté de respirer. Elle fait
uriner & émuë le flux des femmes. Elle est
très bonne contre les ulceres par trop moites & pour ôter toutes les tâches de cuir,
selon Pline.

*Du Genest , herbe connuë de tous , avec les
vertus d'icelui.*

CE Genest aime la terre seiche, & est
comme le long de la terre. Il fleurit
environ des Ides de Juin, & puis aprés il
produit des gousses, il est chaud & sec.
La graine & fleur du Genest bûë en cave
mêlez au poids de cinq oboles purgent
par le haut en grande abondance & sans
danger

danger, de même que fait l'elebore : la graine purge par le bas. Qui plus est, si l'on détrempe ses verges dans l'eau, & puis que l'on les broye, & que l'on en tire du suc, aide à ceux qui sont travaillez de la goutte sçiatique, & de l'esquinance, s'ils en boivent à jeun la mesure d'une egathe. Le Genest nuit à l'estomach & au cœur : mais on le corrige en le mêlant avec miel rosat, particulierement avec roses, anis & graine de fenoüil, selon Dioscoride.

De la Berle.

La Berle croît és ruisseaux, & est un arbrisseau petit & gros à large feüilles, & froissez un peu avec les doigts, aspire une suave odeur, elle a les fleurs azurez retirante sur celle d'Annagallis : & la femelle est grosse de fleurs au mois de Juin. Les feüilles de la Berle cuites, & mangées cruës, mettent la pierre en pieces, & la font jetter par l'urine, elle provoquent à uriner, elles attirent le fruit hors du ventre de la mere, appliquez en forme de liniment.

Elles mondifient le cuir des lentilles, & le deffaut que les femmes ont au visage & appliquez de nuit, en peu d'heures elle mondifie le cuir elle adoucit les herbes & la rongne des chenevy.

De la Chicorée cultivée avec les vertus d'icelles.

LA Chicorée cultivée ne vient qu'aux Jardins par le labeur des hommes toutefois quand elle est semée, elle n'est difficile à sortir.

La Chicorée rustique naît en tous lieux prés des chemins. La cultivée fleurit au mois de Juin & Juillet. Toutes les Chicorées estraignent & refrigerent, & aident à l'estomach & cultes, elles serrent le ventre, si on les prend avec du vinaigre, mais les sauvages sont meilleurs à l'estomach.

Mangées elle adoucissent l'estomach delicat, & brûlées, on en applique avec utilité à ceux qui sont sujets à deffaillance de cœur, l'herbe & la racine frottez aide à ceux qui sont ferus de scorpions, elle medecine le malade saint Antoine avec grioire, bûë avec vin mêlé, guérit pareillement de la jaunisse, pourvû que le patient soit sans fiévre, appaise l'ardeur du sang & resout les inflammations du foye. Et est profitable, à ceux qui perdent la semence de generation beuvant leur jus de deux jours l'un.

Elle provoque mediocrement le sommeil. Et si éteint le desir du jeu d'amour & diminuë la semence genitalle en ceux qui sont de froide temperature, la graine aide aux fiévres engendrez de celle jaunisse : mais elle nuit à la rate.

De l'Alluine, herbe nommée en François Absynthe fort, Alluine, ou Aliot comme non moins amere que Aliot, est pour sa grande amertume, empêchant allegresse & joyeuseté

ABsynthe commune & vulgaire, est une herbe ayant la tige fameuse & branchuë ; les feüilles blanches & chenuës en diverses sortes decoupez, la fleur de couleur d'or, la semence ronde, s'entretenant presque en mode de raisins.

Vous le trouverez en des lieux cultivez, fertiles, montueux & pierreux. L'Absyn-

La forme.

the échauffe
& reſtreint,
& purge la
colere qui ſe
trouve en
l'eſtomach
& au ventre.
Il provoque
l'urine, il
garde d'en-
yvrer étant
pris devant
toutes autres
viandes, Il
profite con-
tre les en-
fleures &

douleurs de ventre & d'eſtomach, étant
bû avec Celeri & Nardgalliſive, il chaſſe les
dégoûtemens des viandes, & fait revenir
l'appetit, il guérit auſſi la jauniſſe en prenant tous les jours trois fois de ſa decoction
trois dòigts à chacune fois.

Etant pris avec du miel, ou appliqué par
dehors ſur le ventre, il provoque le flux
des femmes. Auſſi étant bû avec vin eſt
grandement ptofitable contre les venimeu-

se herbes *Gamulum* & Ciguë.

On a fait aussi onguent avec miel &
nitre, qui est une espece de sel pour la
squinancie, guérit & ôte la mitige en-
fleure des yeux larmoyans, ôte la car-
lignosité de la vûë avec miel. Il est bon
aussi oindre les oreilles qui jette frange,
& ordure. Le parfum de ladite herbe appaise les douleurs des dents, & des oreilles. Ledit absinthe étant boüilly en vin
cuit est profitable à bassiner les yeux malade, on en pille aussi avec un onguent
nommé *Coratum Ciprinum* pour la douleur des entrailles, & du foye, & pour la
longue douleur d'estomach, vaut aussi à
l'estomach ladite herbe pillée avec huile
rosat. Laquelle herbe mise dedans les
coffres contre garde les habillemens des
autres teignes, & autres bêtes. L'huile
de ladite herbe chasse les mouches des
choses quand elles sont gressés. L'eau en
laquelle cette herbe a trempé mise en l'an-
cre à écrire, garde les livres d'être ron-
gez des rats & souris: combien que le suc
de ladite herbe ait toutes lesdites vertus,
il n'est pas bon breuvage, car il nuit à
l'estomach, & engendre mal de tête. Il
nettoye aisément la poitrine pris avec du
flagolet ou glayeul. En la maladie de jaunisse on le boit cru avec Ache ou Per-

fil, ou bien *Capillii veneris* contre les enfleures, on le hume chaud avec l'eau Et
pour le foye, on en prend avec nard galli-
que. Et pour la ratelle avec vinaigre ou
boüillie, viandes dequoi les antiques u-
soient, faites d'eau & de farine ensemble, ou avec des figures, il est bon aux yeux
noircis de blessures. Avec miel il desseche aussi les demangeaisons, on n'en doit
pas donner en fiévre; il garde le vomissement, & mal de cœur sur la mer. L'ardeur d'icelui provoque le sommeil, mêmement mais sur le chevet de quelqu'un
sans qu'il crache. La cendre d'Absynthe
noircit les cheveux mêlée avec onguent,
& huile rosat : Selon Galien, il est chaud
au premier degré & sec au tiers, son suc est
beaucoup plus chaud que l'herbe.

De l'Orme & des vertus d'icelui.

L'Ecorce, feüilles & branches de l'Orme ont une vertu consttuctive, les
feüilles broyées & appliquées avec du vinaigre, portent medecine à la maladie de
saint Mein, & conjoignent les playes, ce
que plûtôt fait la plus subtil partie de l'é-
corce interieure en la liant & entortillant
autour du lieu en forme d'une bande, parce
qu'elle se plie aussi aisément que fait le cuir.

La plus grande partie de l'écorce bûë au poids d'une once avec du vin ou eau froide purge le flegme : la decoction des feüilles, & pareillement de l'écorce de la racine appliquée en maniere de fomentations, fait aussi-tôt consolider les os rompus. L'humeur qui a la production des premiers feüilles se trouve dedans les vessies fait la peau belle & la face plus resplandissante : mais quand elle vint à desseicher, elle se convertit en certaines petites bêtelette semblable à des moucherons. Aucuns cuisent les feüilles pour viandes comme l'on fait des autres herbes des Jardins. La liqueur qui s'engendre dans les vertuës de l'Orme est un très-valeureux remede aux rompures de boyeaux de petits enfans, appliquées avec une piece de lin, & mise dedans un brayer qui la tienne bien fermée sur la rompure,

Du grand Plantin, avec les vertus d'icelui.

IL y a deux especes de Plantin, à sçavoir le grand & le petit : le grand est formé ayant sept nerfs, & le moindre en a cinq, & est appellé en vulgaire *Lanceola* ou Ancelé : à cause que le bout de la feüille s'éguisse comme le fer d'une lance.

La forme.

Le Plantin est de temperature mêlée, car il y a quelques aquosité froide & a quelque peu d'austere qui est terreux, sec & froid pour autant il refrigere, & desseiche ensemble l'un & l'autre est du second degré tenant le moyen. On amasse l'herbe, & les fleurs au mois de May & de Juin, la graine au mois d'Août donne la figure des deux, purge qu'on les mêle ensemble aucunesfois.

Du petit Plantin, avec les vertus d'icelui.

D Ioscoride & Galien en nous declarant que les feüilles de plantin ont vertu desicative, & abstringe pour autant sont bonne

La forme.

bonne à tous ulceres malins, mêmement à ceux de lepre, qui jettent ordures & fanges. Contre ulceres qui mangent le corps, froncleux entrac petites pistules qui viennent aux jambes, & aux pieds, comme sang meurtry. Ladite herbe guérit les chitoines, c'est mal de jambes, ayant deux bords enflez avec un peu de douleur. Elle efface & applanit les rides des playes, & est propre contre la morsure des chiens, contre blessures, inflammations, parotipes (qui ont apostumes venant derriere les oreilles) les feüilles de ladite herbe cuites avec sel & vinaigre mangée en potage sont profitables au flux de ventre, procedant de devoyement d'eſtomach ſans exortation de boyeaux : ſomme qu'un petit pot plein d'eau de Plantin, eſt très-utile pour arrêter tous flux de ſang. Le ſuc ou jus de feüilles de ladite herbe gargariſsé ſouvent guérit les ulceres de la bouche,

Ladite herbe mêlée avec *Creta C̃ moltæ* , laquelle quelques François appellent terre de ſavon & avec ſcruſe, guérit le mal , dit le feu ſaint Antoine. Le jus d'icelle dégoûté dans les fiſtules guérit.

La graine & la ſemence de ladite herbe pulveriſée & miſe en vin , bûë, arrête le flux de ventre & crachement de ſang.

La racine cuite & mâchée ou gargariſée, appaiſe le mal des dents. Auſſi ils reſſerrent les cloux des ulceres , tant vieilles que reſſentes. Il guérit (étant broyé) les dartres de ſaint Mein ou malletigne.

Il guérit ſoudainement les veſſies du ſiege bûë en eau mêlée en quantité de deux dragmes , deux heures devant l'accès , il guérit de la fiévre, ou ſuc de la racine trempée , ou bien la racine, même broyée en eau ferrée , les uns donnent trois racines & demie d'eau aux fiévres tierces , és fiévres quartres , quatre racines en quatre ciathes. L'Anis fleurit le mois de Juin & Juillet , lors eſt plein de ſemence. L'Anis eſt chaud & ſec au tiers degré. L'Anis totalement

La forme.

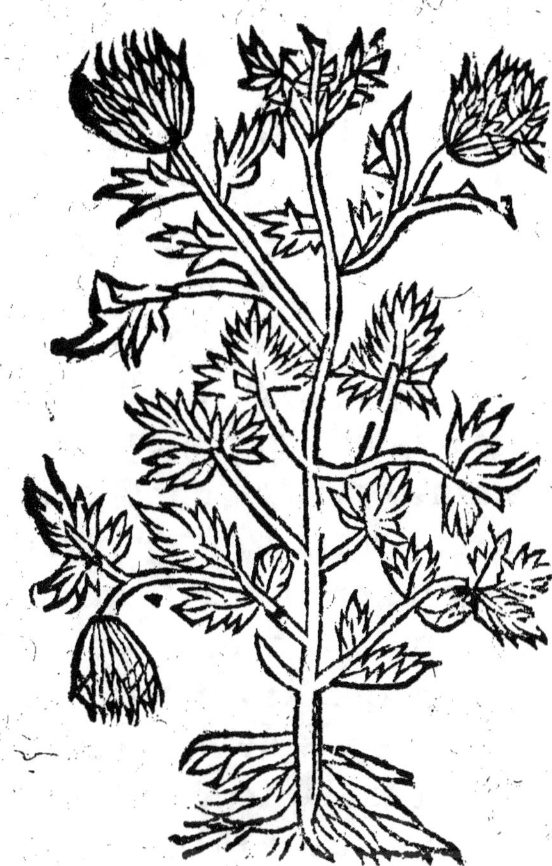

échauffe, & defleiche, il fait aifemét refpirer & rend l'haleine douce & aimable. Il ne fait aucun mal, & allege les douleurs : Il provoque l'urine, il ôte l'alteration aux HYdropique étant pris en breuvage, il profite contre les bêtes venimeufes & contre enfleures. Il endurcit le ventre & arrête le flux blanc aux femmes.

Il caufe le lait & le tire aux mammelles, & provoque à luxure. Le parfum de l'Anis tiré par le nez, appaife la douleur & rupture des oreilles ; l'on prend de l'Anis en breuvages, avec vin contre les fcorpions il donne bon goût au vif étant dans les tonneaux, avec noix amere : le mangeant au

matin avec Livefche & un petit de miel
fait la bouche bonne, & l'haleine plus plai-
fante, & en ôte la mauvaife fenteur, avec
du vin lavant fa bouche & le vifage beau,
clair & jeune.

Etant pendu au chevet du lit, tellement
que les dormans la puiffent fentir, il ôte
les fouges, il engendre appetit de manger.
Pour la toux prends dix-huit dragmes d'A-
nis avec cinquante noix ameres, & aprés
les broye avec du miel d'Anis cuit; eft bon
le foir en breuvage ou à odorer feulement:
auffi pour les enfans étant en danger du
haut mal qui fentent contraction de nerfs
ou fpafme. Pythagoras étoit d'avis qu'on
en fît bonne provifion aux maifons, pour
autant que ceux qui en tiennent entre leurs
mains ne font jamais furpris de mal cadu-
que, & que les femmes qui le fentent fe de-
livrent plus aifément de leur enfans. Ledit
Anis pillé avec femence de Concombre &
de lin, en pareille mefure, puis pris avec
quatre onces & demie de vin blanc, guérit
les ébloüiffemens, & troublemens de fens
que les femmes ont aprés l'enfantement. Il
preferve auffi les vêtemens des tignes & ar-
tuifons.

Du Pourpier cultivé.

LEs feüilles & les fleurs se doivent cueillir és mois de Juin & de Juillet la semence ésmois suivant.

Le Pourpié refrigere au tiers degré, & humecte au second.

Le Pourpié a vertu astringeante.

Il survient aux douleurs de la tête, inflammations des yeux & de tous autres parties aux ardeurs de l'estomach, rompt les assauts furieux de Venus.

On le distile aussi avec huile rosat contre les douleurs de tête, causées de grande ardeur & brûleure du Soleil. Il reprime les fluxions, nommément celles qui viennent de colere & de chaleur, avec ce qu'il les altere en qualité, il les refrigere grandement. A cette cauſe il aide à ceux qui ſentent une chaleur en l'eſtomach, appliqué tant ſur les flancs que ſur le ventre, & ſignalement és fiévres beſtiques. D'abondant il guérit la ſtupidité des dents agaſſées par quelque aigreur, adouciſſant & rempliſſant de ſon humidité viſqueuſe, ce qui auroit été âprement ſeiché pour avoir touché & mâché choſes arides & aſtringeantes.

Et faute de Pourpier, ſa ſemence à même puiſſance & effet : On l'applique ſur le cerveau des enfans & le nombril par trop lâche.

Le Pourpié mâché cru, appaiſe les ulceres, de la bouche, & les tumeurs des gentives, & douleurs de têtes, il raffermit les dents tremblantes, mâchée il appaiſe les cruditez, affermit la voix & relâche la ſoif. L'on applique avec farine d'orge ſeiche contre les fiévres ardantes.

Chardon benît.

CHardon benît croît aux montagnes, il eſt de chaude & ſeiche temperature. Le Chardon benît ouvre les parties nobles, opilées & touchées. Elle fait uriner, elle briſe la pierre. Elle guerit les ulceres nommément de poulmon, elle aide à ceux qui ſont poinds & frappez de bêtes

La forme.

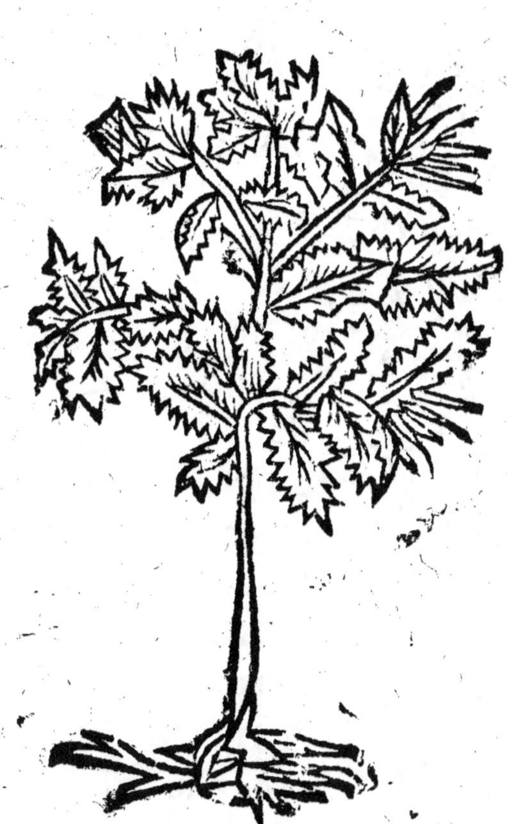

venimeuſes, ils diſent celui ne pouvoit être atteinte de la peſte qui en prend, ou au manger, ou au boire.

Mêmement le vulgaire s'eſt perſuadé, qu'elle aide grandement à ceux qui en ſont déja atteints.

Les modernes diſent que le Chardon benît pris en breuvage ou en viande vaut contre les vehémentes douleurs, tournoyemens, & étourdiſſement de la tête, & la memoire perduë,

Item, il eſt bon aux ulceres pourries, & nommément des mammelles, quand il eſt réduit en poudre, & jetté deſſus.

Angeliq ue ſauvage.

A Ngelique ſauvage croît en certains lieux montueux, la cultivée eſt commune & en grande abondance à Paris. Elle fleurit és mois de Juillet & Août. Les Herbiers modernes lui aſſignent la vertu d'échauffer, & deſſeicher au tiers degré.

Elle ouvre, elle ſubtiliſe, elle reſout & digere, comme diſent les modernes.

Elle eſt ſingulierement contraire aux venins, elle rechaſſe les infections & air contagieux de la peſte, elle affranchi le corps de toute maladie peſtiferée, ſi ſeulement, comme ils afferment, on la tient en la bouche. Il ſuffit d'en prendre l'Hyver la groſſeur d'un poids chiche, ou du vin l'Eſté avec eau roſe.

Et promettent que le jour que quelqu'un en mangera, il ne sentira rien de contagieux, car elle chassera le venin par urines & sueurs.

Elle incise & digere l'épaisse & pluante visconté de flegme, & parce sert-elle de remede à la toux engendrée de froidure.

Elle resout & fait cracher des caillons de grosseur & superflus humeurs amassées de thorax. La trampe ou cuisson de l'herbe faite en vin, eau conglutine les ulceres ou playes interieures, elle réjoüit le cœur, elle jette les flegmes de l'estomach, & éguise l'appetit languissant.

Elle guérit les morsures de chiens enragez & blessures, avec de la rhuë & du miel appliquez sur lesdites morsures & piqueures, puis autres semblables cuites en vin, la decoction prise en breuvage.

Elle estraint les appetits charnels prise à jeun. Elle est estimée tirer à soi toutes l'ardeur & saveur de la fiévre, si elle est mise sur la tête du fricitant.

Ils soûtiennent qu'elle a puissance contre les ensorcellemens ou enchantemens, si on la porte avec soi.

De la Marguerite pasquette, & Marguerite cultivée.

LEs herbes que les Latins apellent *Bellide* nous les nommons Pasquettes, parce qu'elles produisent coûtumierement les fleurs au tems de Pâques. Les plus grandes sont vulgairement Confire moyenne.

Confire grand, dite Marguerite.

L'une & l'autre Pasquettes croît aux prez & par tout. Maintenant aussi on la seme aux Jardins ; la petite apparoît incontinent en la primevere, & aussi presque tout l'Eté, mais la grande fleurit au mois de May, auquel tems elle se doit aussi cueillir. L'une & l'autre Pasquette est chaude & seiche,

La forme & vertu.

ce que l'on peu conclu-
re & en tirer de Pline,
lequel écrit l'usage d'i-
celles, est de resoudre
les strumes. Tous les
vivans du jourd'hui
connoissent que la Pâ-
quette ou Marguerite
est une herbe, servant
& convenables aux
playes. Et principale-
ment elle est bonne ap-
pliquée sur les fronc-
tures de la tête, le suc
de l'herbe est aussi uti-
le, pris en breuvage de
ceux qui sont blessez ou navrez soit que
l'herbe est estimée pour la resolution des
membres, que les Grecs appellent Paralisie.

Item, pour gouttes podagres, pour gouttes sciatiques, & contre les strumens.

Contre flux de sang, sortant de l'artere au poulmon ou du foye.

Prenez la racine de Consire dite Marguerite, lavez-là en eau froide & la ratissez

avec un coûteau d'yvoire ou d'os, donnez-
en au patient deux onces ou plus, tant
qu'il en pourra manger.

Notez qu'il ne faut point toucher de vinaigre ce jour là, combien qu'il ait grande vertu de cette racine, si on en donne
avec elle.

Remede souverain pour étancher le sang sortant de la bouche.

Prenez de la racine de Consire, dite
Marguerite, faites là cuire avec du vin,
puis en donnez à boire au patient, & sera
étanché.

De la Rose.

La Rose est connuë de tous il y en a des
rouges, des blanches & des domestiques
& sauvages. La faculté de la Rose est com-
posée d'une mesûre, & d'une substance
aqueuse, qui est chaude, & de deux autres
qualitez ; sçavoir, en l'astrigeante & de
l'amere.

Il faut tirer le jus des feüilles encore fraîches & nouvelles, après avoir ôté l'ongle
avec les forcettes.

On appelle l'ongle en la Rose, le blanc
qui est en la feüille. On doit épreindre &
piller le reste dans un mortier à l'ombre,
jusques à ce qu'il soit épaissi ; puis la garder pour en frotter les bords des yeux, le
jus des Roses est bon à s'en gargariser, pour

les maladies des oreilles, pour les ulceres
de la bouche, pour les gensives oigdales,
pour la douleur d'estomach, de la marry,
vices du siege, & douleur de tête pris sans
autre mixion de la fiévre, ou avec du vinaigre, il est bon pour le sommeil & pour
le vomissement.

Contre la douleur de tête, fait par une chûte d'enhaut.

Prenez des Roses & l'huile d'Iris, dit
glayeul, mettez le tout avec du bon vinaigre, puis l'appliquez sur la tête, & cela
guerira.

Contre douleur de tête, venant de chaleur.

Prenez du jus de Roses de rosier, autant
de jus fait de meures, & en frottez la tête,
& en ôtera la douleur : Mise sur le nez, elle purge la tête, les feüilles ne fussent-elles
qu'apposées en forme de cataplasme, sont
très-utiles aux extorsions de ventre; des intestins, & des parties prochaines du cœur.

La Rose sauvage emplâtrée avec oingt
d'Ours guérit les maladies. Les épongettes
& fruits des Roses sauvages, ont une vertu
singuliere contre la pierre & difficulté d'u-
riner, si on les donne à boire, elle reduites
en poudre bien délié & bien criblée.

De la Betoine.

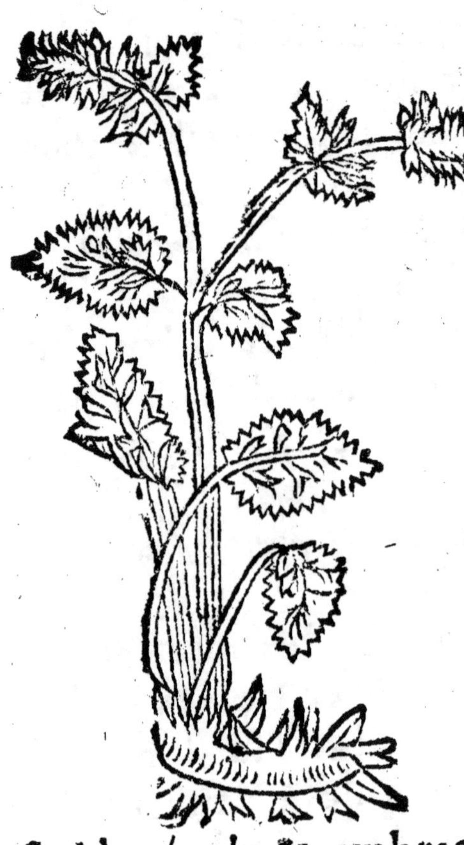

CEt'e herbe à la tige menuë de la hauteur d'une coudée, les feüilles longues, malles dentelées comme celle du chefne odoriferantes, la femence & la graine en épic, Elle croît aux prez, aux forêts & aux lieux montueu x froids, épais & ombrageux. Elle abonde en fleurs au mois de May & Juin.

Elle est chaude & froide au premier degré parfait, ou au milieu du second.

Les racines prife en breuvage avec Hydromel, font vomir les flegmes, l'herbe appliquée par dehors prife contre les morfures de bêtes venimeufes. Pareillement contre venin & poifon, une dragme prife en breuvage avec du vin est fort profitable. Quelque poifon ou venin tant foit-il mor-

tel, ne nuit point si auparavant on a pris de
la betoine, prise avec de l'eau en breuvage
est medecinalle contre le haut-mal & gens
qui tournent en furie, elle aide à faire di-
gestion prise aprés souper la grosseur d'une
féve avec du miel cuit.

Aux hydropiques on en donne le poids
de deux dragmes. A ceux qui ont la fiévre
avec du vin mielé. Elle réjoüit ceux qui ont
la jaunisse, & fait venir les menstruës aux
femmes prise en breuvage avec du vin, le
poids d'une dragme.

Pour se servir de la Betoine à toutes les
choses ci-devant dites, il faut premierement en faire bien seicher les feüilles, puis
les piller, & ainsi pillez, gardez-les dans
un pot de terre.

Elle rompt les pierres & gravelles arrê-
tées aux reins, purge & nettoye le poulmon, le thorax & le foye. Elle est dite avoir
si grande vertu que les serpens enfermez
& enclos dans un cercle ou ceinture faites d'icelle se tuë l'un l'autre à force de
se battre & debatte on boit la poudre d'i-
celle contre les douleurs de côté & de la
poitrine.

De la seconde sorte de Betoine que les
François appellent œillets.

Qu'elle soit chaude, seiche, son amertume, son odeur, & plusieurs autres cho-

les siennes les montrent assez, elle preserve le corps & l'ame des hommes, elle pillée toute fraîché & appliqué sur les playes de la tête, appaise les douleurs, elle ferme les playes, elle tire les os rompus, & fait continuellement cela jusques à ce qu'elle ait tout parfaitement guéri. Elle guérit la douleur de la tête, prenant sa decoction en eaux, & d'icelle lavant la tête ou appliquant aux temples, avec de la colle en forme de liniment, ou de la racine d'icelle ou soit parfum. Elle chasse aussi l'horreur des fiévres quartres & autres. Le suc ou jus d'icelle est bon pour empêcher la corruption de l'air, & infection de la peste : Même si quelqu'un en boit étant déja surpris de mal, il le garantit & delivre. De la fleur on en fait huile contre la morsure des chiens enragez, contre les fistules & parotides, ausquels elle remedie, en frottant & oignant les yeux du patient.

Du Cresson Alenois, ou Aftor.

LA semence du Cresson Alenois échauffe, & seiche au quart degré Ladite semence est participante de faculté, & brûlante comme la moutarde. Et parce échauffe ou d'icelle n'y moins que moutarde, les gouttes sciatiques, & douleurs de tête

autres.

La forme.

autres qui re-
quierent reme-
des rubricatifs,
le Cresson gué-
rit les strumes
appliqué dessus
avec farine de
féves & cou-
vertes de feüil-
les de choux.

Il purge le vi-
cest, & éclair-
cit la vûë, il
guérit la toux
si tous les jours
en prend à jeun
avec miel. Avec poix dissous tous apostumes, arrache du corps tous éguillons &
épines. Elle efface toutes taches du corps,
apliquée avec vinaigre ony adjoute le blanc
d'un œuf contre les chancres, on l'applique avec vinaigre sur la ratelle, on en frotte les enfans avec du miel. Le suc infus
dans les oreilles appaise les douleurs des
dents. Elle guérit avec graisse de lard la tigne & ulceres de la tête, & avec le vin

F

cuit elle meurit les froncles & cloux. Elle
met les charbons à fuppuration & les rompt.

Cabaret.

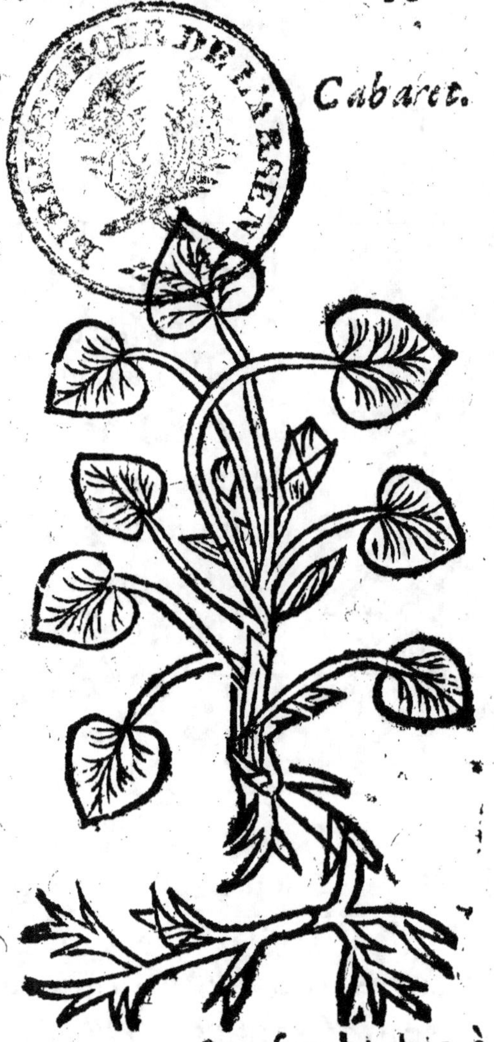

Cabaret eſt
appellé en
Grec & en
Latin *Sacrum*,
aucuns l'appel-
lent Aſara bac-
chara, feüilles
ſemblables à
celles de Lier-
re : mais beau-
coup plus mol-
les & plus ron-
des. Les fleurs
entre les feüil-
les juſqu'au bas
de couleur de
pourpre, & ſemblable à la gouſſe de la
fleur de Juſquiale, en laquelle à la ſemence qui n'eſt pas fort differente du pe-
pin de raiſin, il vient en des lieux ombrageux, principalement és montagnes, ou
forêts : il aime lieux âpres, ſecs & maigres.
Il fleurit deux fois l'année, au Printems &
en Automne, & les faut cueillir à la fin du

mois d'Août ; à sçavoir depuis le quinziéme dudit mois, jusqu'au huitiéme de Septembre, le Cabaret est chaud & sec au tiers degré, & principalement ses racines. Les racines de Cabaret ou Asarum échauffent & provoquent l'urine. Elle profite grandement aux hydropiques, & à ceux qui ont gouttes scyatiques de long-tems.

Elles sont salubres aux morsures des mauvaises bêtes bûë en vin. Les feüilles ont vertu astringeante si on en oingt ou frotte la tête, elles guérissent les douleurs d'icelles, les inflammations, & rougeurs des yeux, & les fistules qui commence à venir entre les conduits du nez, semblablement guérissent les enfleurs que les femmes ont és mammelles, aprés qu'elles sont accouchées & remedient aussi au feu volant. Si l'on lave la tête de lessive, en laquelle ait cuit ladite herbe, elle fortifie le cerveau, & renforce la memoire, le suc mêlé avec une drogue nommée Pompholix, est profitable pour les yeux éblouïs qui berlent.

Les anciens faisoient de l'huile de Cabaret, qui porte une fleur de couleur de pourpre, dont la racine en quelque chose porte la senteur de Cinnamome, il s'en trouve assez en nôtre France, lequel est appellé vulgairement Cabaret, il se fait

soient frotter les soucils & cheveux, le col
& la tête de l'huile de serpolet (qui est autrement nommée l'Aliot dit Seypillum , &
aussi les bras de celui de Cresson , & de l'a-
marilin, ou Marjolaine, les os , & és nerfs.

L'Anet.

L'Anet fleurit
en Esté au
mois de Juin
& Juillet ,
l'Anet é-
hauffe si
fort , qu'il
doit être dit
chaud ou à
la fin du se-
cond dégré ,
ou à la fin
du premier :
mais étant
brûlé , il é-
chauffe &

desseiche au tiers degré.
La chevelure de l'Anet sec , la decoction
de la semence font venir le laict , il estraint

& desseiche la semence ou sperme quand
on en use trop souvent en breuvage.

La semence de ladite herbe étant brûlée,
& frottée tout à l'entour du pertuis dudit
fondement qui sont des ulceres quasi in-
curables. Etant brûlée profite grandement
aux ulceres fort humide qui en sont frottez
& oingt, principalement ceux qui sont és
parties honteuses. L'Anet fait rotter, appaise les tranchées & restraint le ventre de
ses racines mêlée avec vin, & oignant les
yeux les épiphores (qui est une maladie
d'yeux pleurans) sont guéris.

La cendre de ladite herbe guérit la maladie de luette qui vient en la bouche : Aucuns ont dit que ladite herbe est profitable
à l'estomach.

De la Reübarbe.

L A grande Reübarbe à nature de refrigerer & d'éteindre, elle est bonne pour
les feux volans & échaboüilleures, galles,
dartres, & telles rongnes qui vont toûjours croissant, s'épanchant par le corps
semblablement est très bonne, ladite herbe
étant brulés, contre la goutte appliquée
tant seulement qui est mêlée avec Polenta qui étoit certaine viande faite de farine
d'orge & de fromage, dont usoient fort

les anciens, le suc de ladite herbe mêlée
avec la susdite Polenta & huile rosat, &
appliquée sur la tête pour les douleurs d'i-
celle. Elle est singulierement bonne prise
avec du vin pour tuer les vers dedans les
corps, ledit suc est fort profitable pour
oindre les yeux qui sont meurtris par quelque coup, & en ôte l'humeur, empêche la
vûë. Elles refrigent & rafraîchissent fort,
& servent à la maladie qu'on dit le feu
saint Antoine, & autres especes de feu qui
sont cheancreux, semblablement aux inflammations qui proviennent de quelque
defluxions, lesdites herbes mise sur les
temples ont le suc d'icelle exprimé, est
bon pour la douleur de tête.

Du Calament des montagnes.

Calament des montagnes a ses feüilles
semblables au Basilic blanchâtres, les
petits rameaux anguleux & nœux, la fleur
purpurine. Il croît és montagnes & lieux
rudes, il fleurit en Juin & Juillet. Le Calament est de sustance subtil & chaude,
seiche presque au tiers dégré. De tous les
Calamens les feüilles quand au goût sont
fort chaudes & acres, la racine est inutile. Le Calament bûë ou induit est bon
contre les morsures de serpens, la decoc-

La forme.

tion d'icelle prise en breuvage , provoque l'urine & le flux menstrual. Il est bon pour gens surpris de convolution, & pour ceux qui ne peuvent respirer s'il ne sont toûjours droits , que les Grecs appellent. Ora

thoniques & contre les tranchées, coleres & frissons.

Si on le prend le matin à jeun avec du vin il resiste au venin , & poison , il guérit la jaunisse, il tuë toutes sortes de vers le beuvant avec sel & miel. Autant en fait-il , s'il est broyé cuit ou crud. Il aide bien aux ladres s'ils en mangent en beuvant , puis aprés du mesgne de laict, les feüilles aux femmes, & tuë l'enfant dedans le ventre. Icelles aussi mise au feu ou épanduë par la chambre, font fuïr les serpens, si d'elles cuites en vin en frotte les cicatrices noires, elles les rendrons blanches. Elles effacent toute meurtrisseures, le jus d'icelui distile dedans les oreilles, tuë les vers qui s'y engendrent.

Qui voudra experimenter la vertu du Calament, qu'il applique par dehors sur quelque partie du corps, & il verra évidemment que premierement il pique grandement, puis il romp, & déchire le cuir, finalement il fait playes & ulceres. Et si on le prend en breuvage ou autrement par dedans tant à part tout sec qu'avec de l'Hydromel, il échauffe évidemment. Il fait suer, & il ouvre les conduits de tout le corps, & desseiche : C'est pourquoi que quelques uns émus, induits par cette raison en ont usé contre rigueurs, & frissons de fiévres interposées, à sçavoir quand ils en vouloient user par dehors ils le faisoient cuire en huile, & aprés avoir diligemment, & bien fort frotté sur le corps ils s'en engraissent par tout. Outre plus, plusieurs en usent aux gouttes sciatiques, & en font comme un cataplasme qu'ils l'appliquent sur la hanche malade comme un remede singulier, car il tire noirs

du fond de la partie toutes humeurs, &
échauffe toutes les jointures, & successi-
vement brûle la peau, & fait élever plusieurs vessies. Le Calement aussi étant appliqué par dehors, que pris dedans, tuë
l'enfant dedans le ventre & le pousse hors.

Du Sené.

Le Sené a les
gousses cour-
bées en forme
du croissant de
la Lune. La se-
mence longue
& pointuë com-
me le cœur
d'un homme.
Les Arabes le
colloquent dans
le rang de ceux
qui sont chaud
au commence-
ment du second
degré, & secs
au premier. Il y a un fruit qu'on trouve
dans les gousses & boursettes, que les Bar-
bares appellent Sené, duquel on en peut
prendre sans nuisance le poids d'une dragme, pour évacuer la colere & le phlegme,

G

& autres icelles humeurs, il purge tout
doucement les autres, & le prenant avec
le boüillon d'un chapon, il purge la colere
adufte, la melancolie & les fuffocations
d'icelle, outre plus il donne fecours aux
vieilles douleurs de tête, à la rogne, à ceux
qui font travaillez du haut-mal, aux gratelles & feux volages : mais on le fait plûtôt boüillir pour en donner le jus que l'on
le pille pour le donner en poudre. Il ôte
les extortions des parties interieures.

Du Cleolament ou Pain de Pourceau.

IL s'en trouve en abondance dans la Fo-
rêt d'Orleans, il a la feüille de lierre de
couleur purpurine & bigarrée, és deffus &
deffous de taches blanches, la tige longue
de quatre points nuë & fans aucunes feüilles, & en laquelle forment fleurs comme
rofes de couleur purpurine, la racine eft
noire, femblable au nouveau, il croît en
lieux ombrageux parmi les hayes & buif-
fens, & fignalement fous les arbres.

Le Pain de Pourceau eft chaud & fec au
tiers degré ; la racine de Pain de Pourceau
prife en breuvage avec hydromel, purge
par le bas les flegmes & humeurs acqueufe,
on le boit avec vin contre tous venins &
poifons mortels, & principalement contre
le liévre marin. Icelle induite fur morfures

La forme.

des serpens est un remede singulier ; si on le mêle avec le vin, elle enyvrera. Elle arrête la jaunisse, en prenant en breuvage le poids de trois dragmes avec vin cuit ou hydromel , avec beaucoup d'eau , mais il faut que celui qui en boit se couche au lit bien chaud , afin qu'il suë. Et quand il sortira on trouvera sa sueur être de couleur de fiel. On en fait pareillement suppositoire ou necessaire avec laine qu'on applique pour faire sortir les excremens. On le mêle avec les medicamens , qu'on en prepare pour faire avorter, il arrête le siege par trop lâche & rompant , étant mixionné avec vinaigre , puis appliqué en forme de liniment ; & si nettoye le visage de tache causées du hale & du Soleil , & remplit de poil les places pelées en

la tête ; maladie que les Grecs nomment
Alopaties, de la decoction d'icelle on étuve
non sans profit, les membres desolez, podagres, petits ulceres de la tête.

Pour faire onguent pour guerir les mules aux talons, faut creuser ladite racine,
puis la remplir d'huile & la mettre sur la
cendre & y ajoûter un peu de cire tyrteni-
que, afin que l'onguent devienne fort &
épais, le tout ainsi accoûtré est très-bon
pour les mules.

On dit que pour faire humer il la faut
prendre bien pillée & redigée en trochif-
ques. Sa vertu est si forte,& vehemente que
si de l'huile on en graisse le ventre, elle lâ-
chera & tuëra les enfans dans le ventre, car
c'est un medicament propre pour faire
avorter l'appliquant en pessaire. Aprés l'a-
voir bû fait pour tous moyens provoquer
la sueur à celui qui en usera.

La quantité qu'il en faut prendre : est le
poids de trois dragmes, soit avec hydromel, ou avec vin cuit. Il embellit la peau
la nettoyant de toutes taches, mêmement
de lentilles, hâle & autres taches qui proce-
dent de la chaleur du Soleil, & de tous sa-
phirs & bourgeons.

Il remplit le poil des alopecies qui sont
places pelées en la tête ou ailleurs, ladite
racine tant verte que seiche, appliquée sur

la ratelle en forme de liniment ôte les pu-
retez.

Aucuns appliquent ladite racine feiche
aux Afmatiques.

Rubarbe de Moine.

LA Ru-
barbe de
Moine croît
és Jardins
en plufieurs
lieux , c'eft
une maniere
de Lapar-
thon , elle a
les feüilles
larges , ten-
dre tiges de
deux cou-
dées de haut,
quelques fois
dentelées ,
fleurs petites
& jaunes, la racine en triangle, les feüilles
de Lipathon cuites lâchent le ventre , & fi
on les applique cruës avec oignement rofat
ou faffran fur meleerides, qui font ulceres
jettant bouë femblables à miel, incontinent les feront refoudre.

La semence de Lapathon sauvage, de pa-relle & d'ozeille est bonne à boire avec vin ou eau contre la dissenterie & autres douleurs de ventre, fâcheries d'estomach & piqueures de scorpion. Que si quelqu'un en avoit pris devant toute autre viandes, encore qu'il fût frappé desdits scorpions, il n'en aura que le mal. Les racines desdites herbes enduites, cruë avec vinaigre, guérissent gratelles, taches de visage. La decoction d'icelle appaise les demangeaisons, si on en étuve les parties. Aprés qu'elles sont cuites en vin, si de la decoction on lave la bouche & les oreilles, elles appaisent la douleur desdits lieux. Elles font resoudre strumes & parotides, guerrons & orillons, si aprés qu'elles sont cuites en vin on les applique par dessus. La decoction d'icelles boüillies en vin, bûë, guérit la jauniffe. Elle brise & diminuë la pierre en la vessie.

De l'Espargoutte ou Parthenium.

CEt Espargoutte est appellée des Latins Parthenium, d'autres l'appellent Mille folium, ou Matricaire. Matricaire a les feüilles semblables à celles du Coriande, les fleurs blanches par les bouts, jaune sur le milieu, d'une odeur forte & mal plaisante, ameres au goût. Parthenium, croît

La forme.

dãs les bleds, prés des sentiers , presque toûjours entremêlée avec la Camomille. Elle vient aussi és hayes des jardins , ainsi que dit Pline. Elle commence de sortir sur le Printems, principalement au mois de May,

& dure tout l'Eté, selon l'avis de Galien l'appellent Amaracum. Parthenium échauffe vertueusement, mais il ne desseiche pas grandement. Ainsi il est chaud au tiers degré, & sec au second : Le parthenium desseiche, & bû avec oximel ou sel , attire par le bas la colere & le flegme de même que l'hypithimie. Il est profitable aux Asmatiques & melancoliques. L'herbe est utile en breuvage à gens pierreux & Asmatiques.

La decoction d'icelui profite au bain fait pour la dureté & inflammation de l'amarry. Toutefois avec ses fleurs on en fait de l'oing sur le mal de saint Antoine, & sur inflammations selon Pline. Le Parthenium seiché & bû avec miel & vinaigre, attire la colere noire. A cette cause il est bon à gens travaillez d'étourdissemens de la tête. On en fait un oingt avec du miel oingt, pour le mal saint Antoine. Les Magiciens pour en user contre fiévres tierces commandent l'arracher avec la main gauche, & ce faisant dire par qui on la cueille, & n'y regardent point, puis mettre la feüille sous la langue du malade, afin qu'il avalle soudain dix dragmes d'eau.

De la Verveine femelle & renversée.

LA Verveine renversée ou femelle, jette les roseaux longs d'une coudée, quelquefois plus grands & angleux, prés desquels sont situées les feüilles par intervalles pareilles à celle des chênes, moindre toutefois, & plus étroites, crenées par les bords, de couleur tirant sur le pers. La racine est longuette & déliée, les fleurs rouges & tenduës, elle vient aux lieux plains & aquatiques. On la

La forme.

doit cüeillie sur le commencement des jours caniculaires : car lors elle fleurit. Les feüilles & racines de la Verveine renversée, bûë en vin ou emplâtrées donnent aide contre serpens & autres bêtes rampantes. Pareillement on la prend en breuvage au poids d'une dragme : & avec trois oboles d'encens & une chopine de vin vieil, par l'espace de quatre jours à jeun contre la jauniffe. Emplâtrées, elle appaife les vieilles tumeurs & inflammations. Elle mondifie les ulceres dehors.

Le portrait de la Vervaine renversée.

LA Vervaine cuite en vin & prise en gargarisme, rompt les croûtes des émigoales, & arrête les ulceres de la bouche qui vont en rampant, l'on dit que si on arrouse une sale de l'eau ou la vervaine : aura trempé, ceux qui assisterent au banquet s'en retourneront tous réjoüis.

Le tiers nœud de l'herbe, en montant droit, depuis la terre jusques en haut, puis avec ses feüilles, est utilement donné en breuvage contre les fiévres tierces, comme quatriéme contre les fiévres quartres, selon Galien: elle a la vertu si desseichante qu'elle renferme toutes playes contre la collique, fait cuire les racines à demi écrasées en eau, jusques à la consommation de la moitié, & donnez à boire cinq jours durant la décoction desdites racines. On a trouvé par experience, que ce remede est efficace, semblablement est bon contre la pierre & contre la ladrerie qui commence à sortir, si on la prend avec du miel. Tu en pourras user pareillement contre le haut-mal fiévres quotidianes & fiévres quartres. C'est chose très profitable aux fistules de les laver du jus tiré de la racine. On le peut aussi incorporer avec le miel, & mettre

dans les fistules en forme de colyre, & lors
il profite à merveilles. D'avantage & plâ-
trée elle guérit les goutteux & ceux qui
sont tourmentez de la goutte sciatique.

De la Ruë.

LA Ruë
est con-
nuë de tous.
Elle vient
quasi par
tout aux jar-
dins. Elle
aime d'être
en l'abry, &
en lieu sec.
Elle fleurit
en Esté. La
graine se
meurit en
Automne
seulement ,
& alors il la
faut amasser. Elle est d'un goût non seulement aigu, & amer aussi. Elle est au tiers
degré des choses qui échauffent & desseichent vertueusement. La Ruë échauffe &
fait uriner, provoque les fleurs aux femmes,
bûë & mangée, elle reserre le ventre en

beuvant avec du vin , la graine de la Ruë
au poids d'un acetabules. Elle servira d'an-
tidote contre tous venins , c'est-à-dire , le
contre poison. Les feüilles prises à jeun , &
autres noix de noyer & figues seiches , font
que les poisons n'ont point de vertus. Elle
éteint la semence de la generation , soit-elle
prise en viande ou en breuvage. La decoction d'icelle faite en huille , & donnée en
clystere chasse les ventositez & enflures au
boyau nommé Calon , c'est-à-dire , Colique venteuse de l'amarry & du boyau
droit. Broyé avec miel appliquée depuis la
partie genitale jusques au siege , delivre les
femmes suffoquées de l'amarry bouilli avec
l'huile , & tuë les vers & les fait sortir. On
l'emplâtre sur la douleur des jointures avec
miel & sur le ventre des hydropiques avec
figues , elle leur aide aussi beaucoup en
breuvage ; on la fait cuire en vin mitique à
la consommation de moitié ; & aussi s'ils
s'en font frotter avec huile rosat & vinaigre , puis allegue les douleurs de la tête ;
broyé & mise dedans le nez , elle arrête le
flux de sang. Emplâtrée avec feüilles de
Laurier , elle provoque aux inflammations
genitoires ou pustules & rougeolle , avec
mirtilles & Sirop. Si on la fait avec vin ,
poivre & nitre , elle guerit la grattelle
blanche. Elle est utile contre dartres avec

miel & alun. Le jus d'icelle cuit dans l'écorce d'une pomme de grenade, & mis goute-à-goute dans l'oreille, allegue les douleurs d'icelle. Si d'icelui on oingt les yeux avec miel & jus de fenoüil, il éclaircit la vûë. Pareillement avec vinaigre, ceruse & huile rosat, il guerit le mal saint Antoine, les ulceres rampans & la tigne. Icelle mangée avec aulx ou oignons, elle ôte leur acuïté quand les foüines se veulent battre contre les serpens; ils se fortifient en mangeant devant d'icelle Ruë. Elle profite aux hydropiques prise avec figues. Semblablement la decoction d'icelle faite en vin, qui ait boüilli jusques à la consommation de la moitié. On la boit aussi en cette sorte contre la douleur de la poitrine du côté, durable contre la toux & contre haleine, passion de poulmon, du foye & des reins & frisons froiduleuse, la decoction des f. üilles prise en breuvage, & bonne contre catharres & pesanteurs qui proviennent d'yvrongnerie. On fait jus d'icelle broyé avec vinaigre embrogation sur les temples & têtes des phrenetiques. Aucuns y ajoûte du Serpolet & du Laurier, oignant la tête & le col. Bû avec gros vin noir; d'où provoque les purgations des femmes, & fait sortir l'enfant mort, & l'arriere fais, ainsi que dit Hypocrate. Et

par ainſi l'ordonne qu'on en oigne le ventre, & qu'on en faſſe du parfum pour les
paſſions de l'amary.

La Ruë cuitte avec alun & miel, corrige la rongne & gratelle en faiſant un
oingt, & autres telles maladies. D'avantage pluſieurs appliquent la Ruë cuite,
ſur mammelles par trop enflées, & avec
cire contre les ampoules & deſcentes vehementes de flegme Quant au reſte des
autres choſes qui ſe diſent de la Ruë, c'eſt
bien des merveilles, étant la Ruë fervente de ſon naturel ; comme une poi-
gnée d'icelle cuite en hulle roſat, avec
une once d'aloës, a puiſſance de repouſ-
ſer & empêcher la ſueur à ceux qui s'en
oindront. Et qu'en m ngeant de la Ruë,
la generation en eſt empêchée. Et par
cela il l'ordonne contre le flux ſemence,
& d'imaginarion de paillardiſe ſurvenans
par ſonges ; il faut avertir les femmes
groſſes qu'elles n'uſent de cette viande,
car je trouve qu'elle tuë les enfans dedans le ventre. Au demeurant entre toutes les choſes qui ſont cultivées, c'eſt un
ſingulier remede és maladies des bêtes à
quatre pieds, ſoit qu'elles ayent courte
haleine ou qu'elles ſoient morduës de quelques bêtes venimeuſes dangereuſes, &
lors il la faut jetter dans les narines avec

du vin. Et s'il advenoit qu'elles euſſent aval-
lé quelque ſanſuë vive il conviendroit leur
donner avec du vinaigre ; & peut-on en
elle uſer d'icelui remede, en toutes ſemblables maladies, comme l'on feroit à un
homme temperé ? Si quelqu'un uſe de la
Ruë à jeu ce jour-là il ne pourra être bleſ-
ré de poiſon aucunemenr.

De l'herbe de Charpentier.

L'Herbe
au Char-
pentier por-
te les tiges
roides & ri-
dées au mi-
lieu groſſes
& boſſuës.
Les feüilles
pareilles au
Baſilic
pointures,
& de cou-
leur d'her-
bes. Les
fleurs au
plus haut
des tiges en forme d'aſpic & eſt ſemblable à
fleur de lavande, la racine eſt groſſe & gar-

nie de plusieurs chevelures & fillamens; elle croît par tout les prez.

Elle croît au mois de May & de Juin. Il est évident qu'elle est chaude & seiche, ce qui se connoît au goûter, car elle est fort gluante & un peu amere

Il est tout certain qu'elle est propre pour les playes. Les plus recens disent que le jus mêlé avec vinaigre & huile rosat, appaise les grandes & vehementes douleurs de la tête si on en oingt les temples. Ce jus pareillement guérit les rongnes & ulceres de la bouche, & tous les accidens de la gorge.

Du Curage.

LE Curage a les feüilles de Pêcher tachetées au milieu d'une tache brune ou de couleur de plomb, la tige genoüillée & noüeuse rouge & longues. La fleur en façon d'épic blanchâtre, premierement & puis rouge. La graine menuë, & la racine jaune finissant en filament.

Le Curage croît le plus souvent en lieux moitres & marécageux. Elle fleurit au mois de Juillet & Août. Le goût montre assez qu'elle est froide & fort seiche : car en goûtant elle éteint merveilleusement son temperament fait assez entendre

La forme.

endre que c'est une herbe propre pour les playes, fraîchement cueillie, & jettez par les chambres, chasse les puces

Du Phyrete, ou pied d'Alexandre.

Le pied d'Alexandre a été dit des Latins *Silvatis* pource que sa racine mâchée ou tenuë seulement en la bouche fait venir grande quantité de salive a la bouche. Le pied d'Alexandre est une herbe qui produit la tige & les feüilles de Pavot sauvage & de fenoüil.

L'Escarmouchette & pareille à celle d'anetaronde. La racine est grosse comme le poulce, longue & fervente en faveur.

Ces proprietés sont pris de Dioscoride là où il convient avertir le Lecteur que le Pirethre de nôtre païs ne répond entié-

H

La forme.

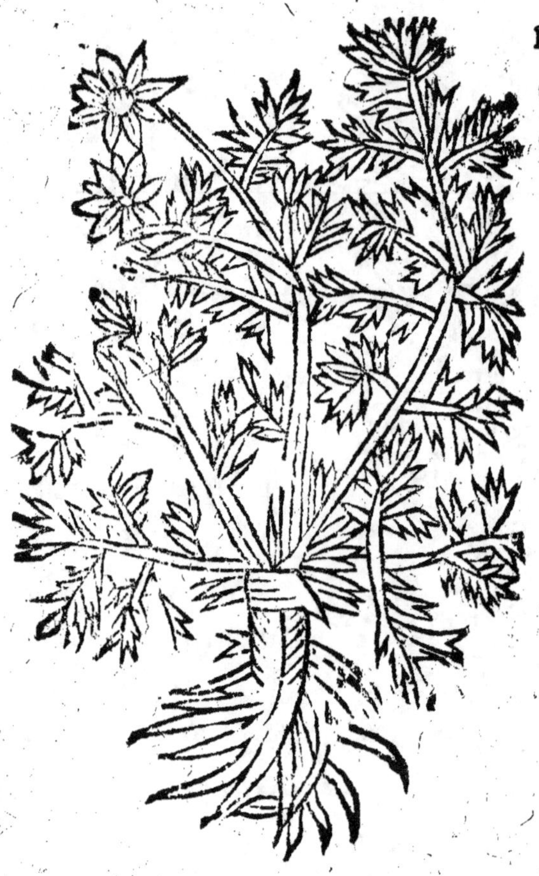

rement à la description, que cy-deſſus a été donnée, car il n'a point d'émouchette, pareille à l'Anet, mais il a le rond chappiteau, de la Camomille, que Dioſcoride, attribuë à la Prumice. Tout le reſte y convient fort bien, car le Pirethre à la tige & feüille du Pavot ſauvage, & du goût très-ardant, le Pirethre croît en beaucoup de lieux, & fleurit preſque tout le tems d'Eté. Le Pirethre eſt chaud, & ſec au tiers degré, voire ainſi qu'aucun l'eſtime au quatriéme, la vertu ſelon Dioſcoride. La racine du Pirethre ôte le flegme, & pourtant cuit en vinaigre, elle profite aux douleurs de dents ſi on en lave ſa bouche.

Si on la mâche elle attire l'humeur flegmatique. Si on s'en oingt avec huile, provoque à suer. Elle est de fort grande efficace contre l'âpreté des frissons qui ont par un long-tems détenu les personnes. Elle est fort profitable contre les parties du corps qui seront refroidies & paralitiques. L'usage principal du Pirethre, c'est en sa racine, laquelle a une faculté d'ardeur de feu.

Biane d'eau ou Lys d'Etang.

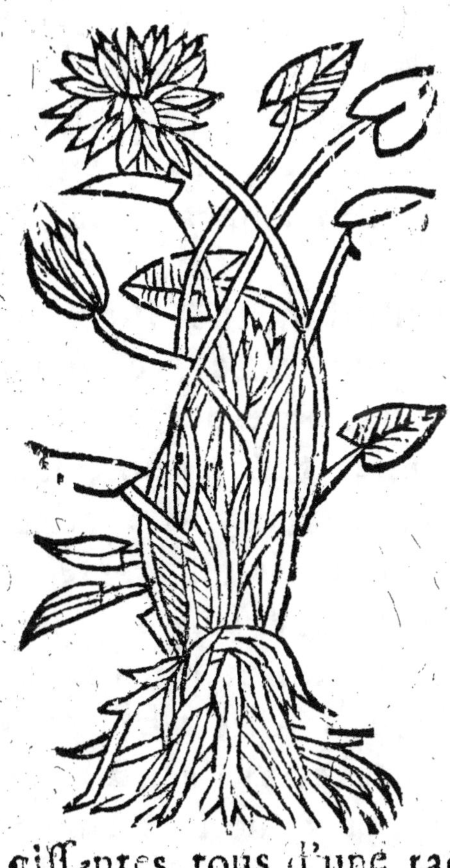

LEs Apotiquaires la nomment Nenuphar, elle a les fleurs blanches semblables aux Lys.

Les feüilles sont comme celles du Coigner plus petites & plus longues, nageantes sur l'eau quelques-unes cachées dedans l'eau, gissantes tous d'une racine, la semence est large, gluante de couleur noire, la

tiges vives & polies ; Nenuphar croît és
marêts & aux Etangs. On cüeille les
fleurs sur la fin de May , & le long du mois
de Juin. Les racines se doivent arracher
en Automne. Tant la racine que la semence de Nenuphar ont vertu de rafraî-
chir , desseicher sans mondification, selon
Galien.

La racine & semence de Nenuphar arrête le flux de ventre & retiennent le
flux de la semence generative fluant ,
& coulant en songeant ou autrement.
Outre plus elles ont aussi quelque vertu
abstresive ; en sorte qu'elles guerissent
gratelles & remplissent de poil les places
vuides & pellées en la tête, Contre gratelles, il les faut faire tremper en eau &
contre les alopecies ou place pelées en
la tête, il les faut mixionner & incorporer avec le poix liquide. Le Nenuphar
broyé & appliqué sur une playe arrête
le flux de sang d'icelle. On le boit aussi
non sans grand profit contre dissenteries,
& toûjours de boyaux. Selon le Nenuphar pris en breuvage une fois le jour ,
l'espace de quarante jours , éteint du tout
en tout l'appetit de paillardise : Elle con-
somme la ratelle bûë avec vin : Elle appaise les douleurs de la vessie bûë en même sorte : Elle guerit les ulceres fangeux

& jettant boüe : Elle efface toutes taches. Etant bien broyée on l'applique
fur playes reduite en poudre , profite au
ulceres prevenans d'entretaillures en é-
corcheurs de fouliers.

Politric des Officines.

LE Poli-
tric des
Officines
femblable à
la Feugere ,
fort petit ,
il a d'une
part & d'au-
tre , par cer-
taine ordre
feüilles de-
liées à la fi-
gure d'une
lentille op-
pofites par
enfemble :
des branches
deliées refplandiffantes , noirâtres & rudes. Toutes les marques , de cette defcrip-
tion conviennent entierment à l'herbe que
les Officines nomment le Politric.

Il naît aux lieux marécageux & ombra-

geux parmi les murailles humides , & prés
des Fontaines tout ainsi que l'Adiatum ,
on le prend dès l'Eté, & au commencement
de l'Automne. Le Politric des Officines est
en même proportion de chaleur & froi-
deur. Il desseiche toutefois , il attenuë,
il degere : le Polytric crut doit être appliqué sur les morsures des bêtes venimeuses ,
avec lessive , il enleve lentes & tignes , ap-
liqué avec Lapadanum, onguent & de Mu-
tre ou Sisinum : plus avec hysope & vin ,
il arrête les cheveux qui tombent. Sa decoction , faite avec lessive & vin , fait les
mêmes effets , si d'elle on en lave les cheveux.

Selon Galien , le Polytric des officines
fait venir les cheveux épais ou rudes. Il
resout les enflures & apostumes de la gorge , & rompt les pierres , si on le prend en
breuvage. Il profite beaucoup aux cra-
chemens visqueux & épais , qui proce-
dent de la poitrine & poulmon. Il arrête le flux de ventre , & n'apporte toutefois nulle chaleur ni froidure qui soit manifeste , il doit être appliqué avec Aluine,
pour la difficulté d'uriner. Búe avec vinaigre , ou avec le suc du fruit de la ronce,
il arrête le sang. La feüille broyée dedans
l'urine d'un enfant qui n'a point encore
de barbe , avec Aphonitrum , ou applique

sur le ventre des femmes, fait qu'il ne se
ride point. Aucunus estime que les coqs &
perdrix sont plus belliqueux si on mêle du
Polytric avec leurs viandes & qu'icelui est
très-utile au bestial.

Du Jusquiame.

IL y a trois
especes de
Jusquiames,
l'un porte des
fleurs d'incar-
nat, les feüilles
semblables aux
Phascoles, la
graine noire,
les bassinets
durs & épais.
Les herbiers le
nomment le Jus-
quiame noir,
l'autre a les
fleurs jaunes,
en forme d'une
pomme, les feüilles & les gousses plus
tendres, & la graine est jaunâtre comme
l'Ircos, les Hebiers le nomment Jusquiame jaune, le tiers est utile à la medecine,
étant très-benin, gras, tendre, couvert de

poil folet , blanc de fleur & de graine. Ils la
nomment le Jufquiame blanc. Au deffaut
de celui ci , il faudra ufer du Jufquiame
jaune. Le Jufquiame eft un arbriffeau jettant tiges épaiffes, feüilles larges, longues
découppées noires & veluës. Par aprés les
feüilles fortent de la tige , reffemblans aux
premieres fleurs du grenadier , temperés de
targette & pleines de graines , qui eft comme celle de poivre, vient par tout à l'entour
des bords des eaux & entre les ruines &
vieilles mafures ; il ne faut cuëillir graine
qui ne foit Jufquiame , qu'elle ne foit entierement feiche. Il fleurit prefque par
tout l'Eté , & principalement au mois de
Juillet. Le Jufquiame eft prés du troifiéme
degré des chofes refrigeratives ; les deux
autres efpeces font venimeufes.

La vertu felon Dioscoride,

On tire le fuc de la graine de Jufquiame
lors qu'elle eft tendre des feüilles & tiges,
& pour ce faire on broye toutes fes tiges,
& fait au Soleil le fuc qui eft épreint.
Ce fuc ne paffe pas un an, car il eft aife-
ment corrompu. Quand le fuc eft incor-
poré avec farine ou griotte feiche , il profite contre les inflammations des yeux ,
des pieds , & des autres parties. Elle eft
bonne

bonne pour le podagres ; pour coüillons enflez, pour les tetins qui se jettent soudain que les femmes ont fait leur fruit, l'appliquant broyée avec vin. La Jusquiame qui a la graine noire, rend l'homme forcené & endormi. Celui qui a la graine moyennement jaune, s'approche de la faculté au precedent. On doit fuir ces deux especes de Jusquiame comme inutile & venimeuse. Mais celui qui a la graine & fleur blanche est fort propice à la medecine.

Selon Pline, le Jusquiame a puissance contre les morsures des chiens, & le met-on dans les playes avec miel. On le donné broyé avec les feüilles à boire en vin, specialement contre la morsure des aspics.

Son suc porte medecine à ceux qui crachent le sang.

Le parfum du Jusquiame est bon pour ceux qui ont la toux.

De la grande Eclaire.

La grande Eclaire naît és lieux ombrageux & parmi les vieilles parois, la grande Eclaire jette sa fleur à l'avenement des Arondelles, & par aprés elle fleurit tout le Printems & tout l'Eté, auquel tems aussi

La forme.

on la cueille. Cette herbe eſt du troiſiéme ordre complet pour échauffer & deſſeicher. Selon Dioſcoride, le ſuc mêlé avec miel, & cuit dans un vaiſſeau d'a'rain profite à l'éblouïſſemét des yeux.

La racine bûë avec Anis & vin blanc, porte medecine au mal caduc appliqué avec vin guérit les ulceres qui vont en rompant, mâchée, appaiſe les douleurs des dents : la grande Eclaire eſt d'une faculté fort abſterſive & fort chaude. Son ſuc eſt propice pour aiguiſer la vûë en ceux principalement qui ont quèlque matiere graſſe dans la prunelle, qui a beſoin d'être reſout. On uſe auſſi du Luca, par les Eſcoliers s'appelle (*Cilidonia*) pour raison d'icelle. Est subtile aux tayes qui surviennent aux yeux des bêtes à quatre pieds.

D'Anagalis ou Maurum.

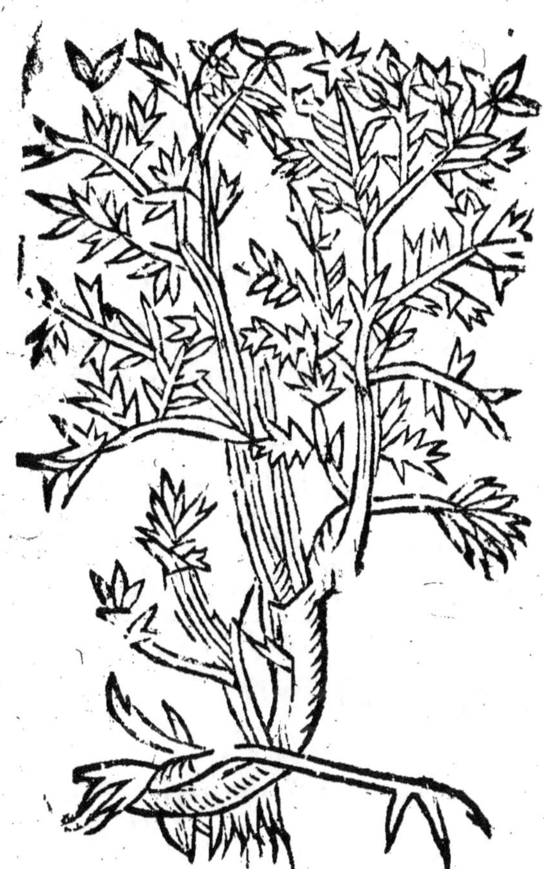

ON marche partout dessus les champs & par les vignes, & n'est rien si vulgaire & dequoi l'on fasse moins de compte.

Il y a mâle & femelle, qui ne different en aucune chose fors en couleur de fleur.

Le mâle porte fleur de couleur incarnate, & la femelle de couleur d'asur ; Anagalis mâle & femelle ont nature chaude & seiche, celle qui ont puissance detersive, & nettoyer ; car les femmes qui ont de nature mauvaise & pâles couleur, usent du suc de

ladite herbe pour se nettoyer, farder &
éclaircir le cuir du visage selon Galien, les
deux especes d'Anagalis, tant celle qui à la
fleur incarnate, que l'autre à la fleur azu-
rée, ont merveilleuse vertu excessive. Aussi
elles ont quelque chaleur attractive, tellement qu'elles peuvent tirer les aiguillons
cachez dedans le corps, & le suc purge le
nez, pour même raison. Et pour dire tout
en brief, elles ont vertu de desseicher, sans
faire aucunement cuite sans mordification
ni douleur : Parquoi elles sont bonnes pour
sonder les playes recentes, pour mitiger &
nettoyer les vieilles. Le suc d'icelle éclaircit l'ébloüissement des yeux avec du miel,
& en oignant les yeux guérit le sang meur-
tri par coups ou heurtemens, & avec miel
attrique remedie à la malletaye. Aussi est
profitable aux yeux des chevaux, jumens
& autres bêtes cavalins.

Eupatoire ou Aigrimoine.

EUpatoire ou Aigrimoine est une herbe
branchuë, ayant une ou quelquefois
deux tiges, comme bois menuës, droites,
noiratre, boussuë, longue d'une coudée,
ou plus, les feüilles semblables à celles de
chanvre, ou de quinte-feüilles, par inter-
valle, ou cinq ou plus, dentelées à l'envi

La forme.

ron ; & sa se-
mence sort du
milieu de la ti-
ge , tirant con-
tre bas , hous-
suë , tant que
quand elle est
seiche . s'atache
aux   habille-
mens. Ellévient
aux lieux mon-
tueux par tous
lieux champê-
tres , prés des
hayes. On la
cuëille en Eté ,
alors qu'elle est
abondante en fleurs. L'Eupatoire est de
partíes subtiles & si a faculté d'inciser &
nettoyer sans manifester chaleur , pareillement elle a quelque adriction mediocre :
Ses feüilles broyées & bien écachées , puis
avec du vieil-oingt de porc appliquées en
forme de cataplâme , guerissent & consoli-
dent les ulceres qui viennent à mal-aise. A
cicatrices , la semence en herbe bûë en vin,
aide les dissenteriques , douleurs de foye &

morsures de serpens. Outre les opilations
& obstructions de foye, les corrobore.

De l'Euphraise ou Luminette.

C'Est une herbe pe-
tite de la lon-
gueur d'une
paulme , sem-
blable à l'hyso-
pe , ayant petits
branchettes re-
tirans sur la cou-
leur de pour-
pre , les feüilles
petites, sciés &
dentelées à l'en-
viron , fleurons
blanchâtres , ra-
cine , grêle , &
n'empêche que
Hermolaus , homme de grand sçavoir , au
Livre troisiéme de son Corolaire : Chapitre 18. dit qu'elle a les fleurs jaunes car il a
seulement regardé à la partie des fleurs qui
apparoissent manifestement jaunes Certai-
nement si tu considere diligemment & de
prés les fleurs de l'Euphraise, tu connoîtras
qu'elles ne sont du tout jaunes, ni aussi du

tout blanches. Car elles sont tachetées &
marquées de trois couleurs, rouge, blanc
& noir.

Mais à raison que la meilleure & plus
grande partie des fleurs est blanche, il est
advenu que tous ceux qui ont peint & dé-
crit cette herbe, lui ont donné fleurs blanches. Elle croît aux montagnes, exposez à
l'abry, & presque en tous prez. Elle sort
en grande abondance à l'entrée de l'Automne Les facultez particulieres qu'elle
enseignent suffisamment qu'elle est chaude
& seiche.

On en use contre les obscuritez & é-
blouïssement de la vûë, ou seule appliquée ou cuite en vin. On en use pareillement contre suffusions Outre ce elle é-
claircit la vûë, conforte merveilleusement la memoire, & la repare quand elle
est perduë, si on la boit en vin blanc avant
que la reduite en poudre.

De la Mante,

ILy a en general de deux especes de Mán-
tes, car l'une est cultivée, & de jardins, l'autre sauvage : la premiere Mente
cultivée à la tige quarrée, quelque peu
rouge, depuis la racine, les feüilles presque rondes, sciées & dentelées, molles &

La forme.

odoriferan-
tes , fleurons
rouges , cou-
ronnans les
nœuds, com-
me par inter-
valles , & ti-
re en ron-
deur en ma-
niere d'un
pezon.

L'autre est
en tout sem-
blable à la
premiere :
hors qu'au
sommet de
la tige elle a la fleur rougeâtre qui se tour-
ne en forme d'épic Les Mentes cultivées
viennent aux Jardins par tout , elles aiment l'abry & lieux battus du Soleil : non
gras & fumez , & croissent plûtôt en lieux
humides. La Mente sauvage aime lieux
moites & humides , & vient volontiers
auprés des ruisseaux Toutes Mentes fleu-
risse au mois d'Août , l'une & l'autre ,
tant la cultivée que la sauvage , est âpre au

goût & chaude en vertu : du tiers rang des medicamens simples qui échauffent, mais celle de jardin est plus foible & échauffe moins, & seiche seulement au second degré. Car le labeur & culture apporte quelque humidité, la Mente cultivée a faculté d'échauffer, rétraindre & seicher Parquoi le jus d'icelle bû avec vinaigre étanche le sang. Il tuë les vers, rompt & provoque l'appetit charnel. Deux ou trois surgeons d'icelle bûë avec le jus d'une grenade, appaise les hoquets & gros vomissemens. Elle digere & meurit les abscez enduite avec farine d'orge frite. Elle appaise les douleurs de la tête appliquée sur le front. Elle adoucit douleur de mammelles par trop euflées & pleines de lait. On l'applique avec sel sur morsures de chiens, son jus avec eau miellée sert aux douleurs des oreilles.

Appliquée sur le ventre des femmes devant que de coucher avec leurs maris empêchent qu'elles ne conçoivent : la langue par trop âpre & seiche frottée d'icelle, retourne à sa naturelle disposition, les feüilles d'icelle jettées devant le lait le laissent cailler & tourner en fromage. Bref, il est utile à l'estomach & en sauces & affaisonnemens une vertu singuliere, le sauvage est de pire usage en santé que la cultivée. Arcius ajoûte que la decoction d'icelle bûë par trois jours suivant, guérit la colique du tout. Syriation en a avec Amylon souventes fois guéri ceux qui coûtumierement sont assaillis & travaillez du mal de ventre. Elle guérit merveilleusement bien les ulceres qui surviennent en la tête des petits enfans, le jus pris un peu devant que de venir au combat de dispute, ou pour parlement aide & soulage grandement la voix. On la gargarise avec lait, Ruë & Coriande, contre les enflures & inflammations de la luette,

Elle arrête (comme demoutre Demetrius) le hoquet & vomissement avec jus de grenade. Le jus d'icelle tout fraîchement éprint & tiré par le nez, corrige les vices des naseaux.

La Mente appaise les felons & fluxions de sang par dedans, si aprés qu'elle est broyée on le boit avec du vinaigre. Elle guérit la maladie, dites Ileos, qui est quand on jette la fiévre par la bouche, appliquée sur le ventre avec farine d'orge frite. Elle guérit aussi les mammelles enflées & par trop remplies de lait. On l'enduit sur les temples contre l'enduit de la tête. Elle est singuliere remede aux morsures des chiens enragez, broyée

premierement avec du sel, puis appliquée dessus. Elle allege presentement les
femmes qui sont en travail d'enfant buë
avec bon vin.

Des Lupins.

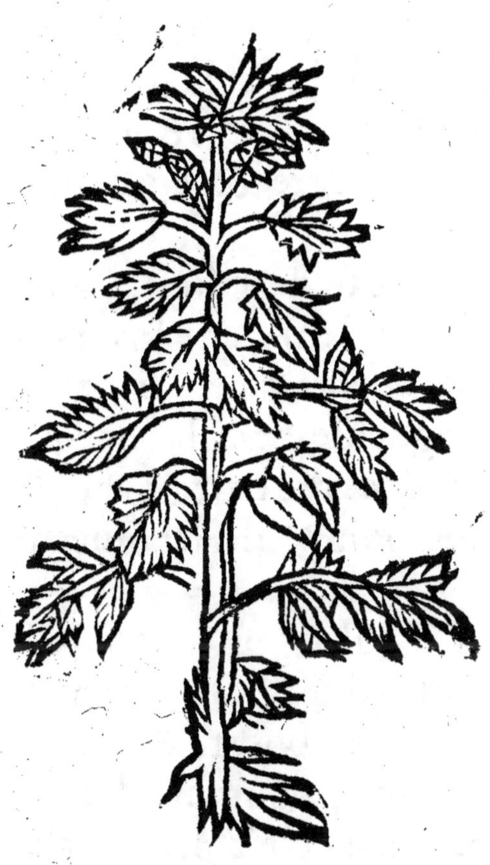

LE Lupin a
une seule
tige la feüille
partie en cinq
ou sept. La
fleur blanche,
gousses lesquel-
les sont cinq
ou six grains
durs, larges &
toute la racine
jaune, & de
plusieurs filan-
dres & cheveux
partie franchée.
Il aime terre
maigre menuë
graveleuse, & principalement rouge. Il
ne sort en terre grasse & limonneuse &
craint d'être cultivée. Il fleurit trois fois,
premierement au mois de May puis en
Juin, tiercement en Juillet. Aprés chacune fleur porte gousses. Son amertume

Infigne montre évidemment qu'il eſt chaud
& ſec : la forme de Lupins preparée avec
miel en forme de loc, chaſſe les vers hors
du corps.

Les Lupins auſſi trempez & mangez
étant encore ameres en fent autant. Autant en fait la decoction d'iceux boüillis
avec pointe , & Ruë priſe en breuvage,
dont auſſi eſt elle profitable à la ratelle :
Elle conſomme les ſtrumes & rompt les
carbons , cuite en vinaigre & appliquée
deſſus.

Les Lupins cuits en eau de pluye , juſ-
ques à ce qu'ils ſe fondent en jus net-
toyent & mondifient la face. Si on en
lave les brebis rongneuſes de la decoction d'iceux tiede encore cuite avec la
racine de Calemont noir , ils les gueriſ-
ſent.

La racine d'iceux cuite en eau , puis
büës , provoque les urines. On donne le
jus d'iceux , boüily avec poivre & Ruë,
ores qu'il y ait fiévres , pour chaſſer les
vers hors du corps : mais c'eſt principalement à ceux qui encore n'ont atteint trente ans. Et aux petits enfans , il ſuffit de les
leur appliquer ſur le ventre à jeun. La farine d'iceux paîtrie en vinaigre, puis appliquée ſur le corps s'étuvant, arrête de-
meures , rongnes & veſſies : Elle ſeiche

les ulceres appliquée seule. La decoction d'iceux aussi cuits en lieu d'huile, guérit la rongne de toutes bêtes à quatre pieds, l'une & l'autre liqueur, puis mêlée ensemble.

Quand on les brûle, la fumée tuë tous les vers volant.

De la Fumeterre.

LA Fumeterre est nommée en Latin *Fumaria* chez les Apoticaires Fumeterre. Or est elle nommée des Latins, *Fumaria* : parce que le jus d'icelle mis dedans les yeux, est mordicant, & les fait pleurer tous ainsi que la fumée. Elle est branchuë, semblable à la Coriande, merveilleusement tendre & delicate. Ses feuïllles sont blanchâtres, retirant à la couleur cendrée, copieuse & en grand nombre de tous côtez la fleur purpurée. Elle croît dedans les orges, Jardins, vignes, hayes, mazureaux & en autre lieux non cultivez. On l'amasse à la fin du mois de May & de Septembre. La Fumeterre semble être chaude & seiche au second degré, ce qu'on peut connoître au goût : car elle est âpre & amere selon Dioscoride.

Le suc de cette herbe fait pleurer, dont il a aussi pris le nom d'icelui avec de la gomme, joignant les paupieres des yeux, il empêche le double poil de l'une & l'autre de revenir. L'herbe mâchée fait sortir la colere par l'urine : selon Gallen la Fumeterre est de qualité âpre ensemble & amere , & n'est du tout dégarnie d'acerbité ou astrinction pour cette cause, elle purge la colere par l'urine & guérit les obstructions & debilité du foye. Le suc ou jus d'icelle aiguise la vivacité de la vûë, faisant abondamment l'armoyer les yeux, tout ainsi que la fumee, car pour celui a été donné ce nom. Quelque personnage du menus peuple vouloit user de ladite herbe , pour conforter & corroborer son estomach, ensemble & pour se lâcher le ventre : puis prenant l'herbe aprés l'avoir fait seicher , la serrer bien curieuse-

ment : puis quand il en vouloit uſer pour
lâcher le ventre, il la prenoit avec de l'Hydromel : Et pour renforcer l'eſtomach il
en uſoit avec du vin bien trempé.

Ortie morte.

L'Ortie mor-
te eſt nom-
mée de Pline au
douziéme Livre
de l'Hiſtoire na-
turelle , Chapi-
tre quinziéme &
auvingt deuxié-
me Livre Cha-
pître quatorzié-
me *vertica iners
& mortua* Quel-
ques uns l'ap-
pellent Ortie
b'anche & An-
gelique. Elle eſt
du tout incon-
nuës és boutiques. On la nomme Ortie
morte , pour ce que les feüilles ne piquent
point comme celle des autres : elle a les
feüilles pareille à l'Ortie picquantes , plus
petites , crenelée par les bords , plus blanc

che, la barbe chenuë, & qui ne picque
point, la tige quarrée, la fleur blanche,
ou purpurine. La racine par intervalles,
elle est toute de forte odeur, elle ne fait aucun mal & ne picque point. Elle porte sa semence noire en ses tiges par intervalles en
abondance, l'Ortie morte vient par tout
auprés des hayes & chemins. Elle fleurit au
commencement du Printems. Elle fleurit
au mois de May, & retirent les fleurs quasi tout l'Eté : l'Ortie morte comme les autres especes d'Ortie chaude & seiche, ce
qui se peut connoître, tant par le goût que
par ses vertus & facultez : l'Ortie morte,
broyé avec du sel est medecinale contre,
contusions, brûleures, écroüelles, tumeurs,
podagres & playes, Elle a au milieu des
feüilles quelque blanc qui est bon contre
eripsie & les feux sacrez. Quelques uns des
nôtres disent, que les especes de cet Ortie
different selon les saisons de l'an, dit-
on, que si on met la racine de cet Ortie
(moyennant qu'elle soit automnalle) sur
le bras de celui qui a la fiévre tierce, pourvû qu'en la cueillant on nomme le patient
par son nom, & qu'on dise quoi, & à qui
& pour le fils de qui on l'atrache, qu'il per-
dra entierement la fiévre. Autant en peut
ladite racine comme ils disent, comme la
fiévre quartre.

Item,

Item, qu'elle tire hors toutes choses fichée dedans le corps, si on la broye avec un peu de sel. Outre plus que si on pile & incorpore les feüilles avec Axuoge , & qu'on l'applique sur les écroüelles, qu'elles les font resoudre , ou q elles font la venuë à suppuration, elle seront mondifiez & cicatrisez. Les modernes usent de ces Orties pour étancher le sang fluant impetueusement du nez, en l'appliquant & liant sur le colet ou entre deux épaules, & disent que par ce moyen le sang se détourne d'autre côté. Ils disent aussi qu'elle profite merveilleusement aux ulceres , pourritures & fistules. Lamium est vulgairement appellée Ortie blanche pour raison de sa fleur.

De Tanaise ou Armoise , herbe Saint Jean.

LA Tanaise croît és rives des eaux , & autour des fossez des vignes. Il la faut cüeillir quand le raisin se meurit, car alors elle abonde en fleur, elle échauffe & moyennement desseiche, chaude au second degré, & quand à la succité entre le premier & le second. Espargoutte ou Matricaire à même qualité, selon Dioscoride. Elles échauffent & desseichent. El-

K

La forme.

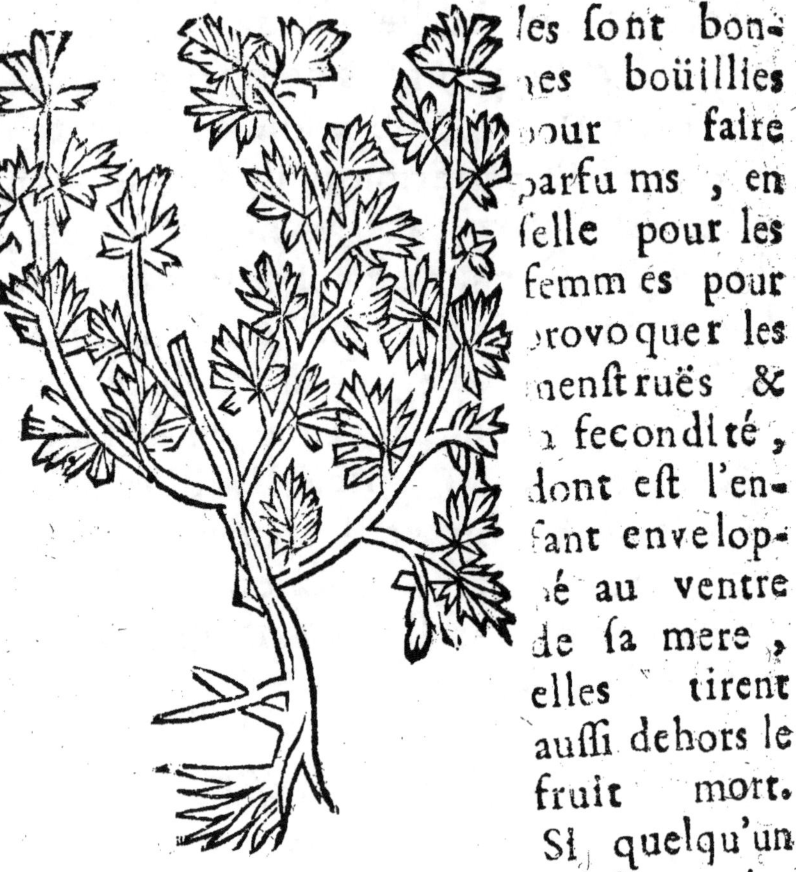

les sont bon-
nes boüillies
pour faire
parfums , en
selle pour les
femmes pour
provoquer les
menstruës &
la fecondité ,
dont est l'en-
fant envelop-
pé au ventre
de sa mere ,
elles tirent
aussi dehors le
fruit mort.
Si quelqu'un
ayant mal d'estomach pile armoisie ou mince la feüille avec huile d'amandes , & fasse
comme une emplâtre , & le mettre sur son
estomach il guérira.

Semblablement si quelqu'un a des douleurs de nerfs , & qu'il les oigne de suc d'i-
celle , mêlé avec huile rosat il sera guérit
selon Galien.

Les Armoisies sont moyennement bonnes pour rompre les pierres des reins , &

pour fementer la matiere, l'on dit auſſi
que ceux qui l'ont ſur eux ne peuvent être
endommagez , ni des poiſons ni de medicamens venimeux , ni des bêtes , ni même du Soleil. On la boit avec vin contre
l'opium.

On le tient avoir une vertu ſinguliere ,
liée & portée ſur quelqu'un ou bûë contre les grenoüilles.

On tient auſſi que les voyageurs l'ayant
liée ſur eux ne ſe ſentent laſſé aucunement.
Outre les ſuſdites vertues on connoît par
experience, que les fleurs de l'eſpece d'ar-
moiſie, nommée Tanaiſie , donnée aux enfans en breuvage de vin ou de lait , ont
vertu merveilleuſe de jetter les vers hors
du ventre, & parce eſt comme nous avons
dit un peu devant , appellée des Allemands
mort aux vers.

De la Maulve.

LA Maulve cultivée vient és Jardins
y étant ſemé , la ſauvage croît és
lieux non cultivez , & principalement
quand ils ſont gras & humides. La Maulve des Jardins fleurit principalement en
Juillet & en Août : la ſauvage baſſe dure tout l'Eté, & la plus grande par l'Automne. La grande Maulve qui vient en

La forme.

forme d'arbre est abondante en nous au mois de Juin & Juillet, la Maulve sauvage a des facultez quelque peu digerante & legerement : remolissante. Mais celle du Jardin d'autant qu'elle a plus d'humidité acqueuse, d'autant est-elle de faculté plus imbecile & moins vertueuse. Son fruit est d'autant plus vertueux qu'il est plus sec.

Entre la laituë Bette ou reparer, & Maulve y a difference entre elles, les sauvages sont plus seiches, & les cultivées plus humides. Avec le jus de Maulve se trouve quelques choses gluante mêlée, laquelle n'est point en la laituë.

La Maulve ne refraîchit pas évidemment, ce que connoîtras devant que de la prendre, si de ladite Maulve & de la laituë chacune à part comme on a accoûtumé de faire, tu composes un cataplâme contre quelque apostume chaude en pilant diligemment les plus molles feüilles. Alors connoîtras que la laituë manifestement rafrîchit la partie dolente. Mais la Maulve ne la rafraîchira que bien peu & qu'elle retiendra toûjours quelque chaleur tiede.

La Maulve passe aisement par le ventre, non seulement pource qu'elle est humide, mais pource qu'elle est gluante. Si tu veux conferer le suc de ces trois herbes l'un à l'autre, tu trouveras que celui de la Bette est subtil, detersif. Celui de la Maulve est plus épais & glutineux, & celui de la laituë tient le milieu des deux. Toutes ces choses raconte Galien au second Livre de la faculté des aliments, selon Dioscoride. La Maulve des Jardins est beaucoup plus âpre & meilleure à manger que n'est la sauvage. Elle nuit à l'estomach, mais elle fait bon ventre, signamment des tiges qui sont bons & utiles aux boyaux, & la vessie. Les feüilles cruës, mâchées avec un peu de sel & miel, & puis indeltes, guerissent les fistules lachrimale, qui viennent entre le coin de l'œil & le nez,

que les Grecs appellent *Angilopes* Mais
si c'est pour induire cicatrice, il en faut
user sans tel : Elle profite contre piqueures
de mouches à miel, & mouches guespes ,
étant induite & appliqué. Et qui le frot-
teroit de Maulve cruë ,& bien pilée avec
huile , devant que de rencontrer lesdites
Mouches , il n'en seroit point piqué , icelle aussi pilée avec urine , appliquée , guérit
la teingne & les lépres , selon Pline. La
principale vertu & efficace de la Maulve
est contre toutes piqueures de bêtes venimeuses.

Principalement des Scorpions , Mouches guespes , Souris , Arigneuses & autres semblables. Qui plus est , ceux qui se
feront frottez de quelque espece de Maulve qu'ils voudront qui soit broyée auparavant avec huile, & ceux qui la tiendront
sur eux ne seront jamais frappez desdites
bêtes. La feüille mise sur un scorpion l'é-
tourdit. Elles sont bonnes contre tous venins. Icelles induites cruës ou bûës avec vinaigre ou Amer , tirent hors tous éguillons
ou épines.

On dit plusieurs autres choses merveil-
leuses desdites Maulves , & mêmement,
que si quelqu'un s'accoûtume de boire
tous les jours un demy crathe du jus de
quelque espece de Maulve , laquelle qui

voudra choisir, qu'il sera exempt de maladie. Elles guerisse la tigne & ulceres puants
& ords en la tête. La racine cuite rend les
dents brûlantes & fait tomber les lentes des
cheveux. La racine est bonne contre les ac-
cidents des mammelles, si on la met dessus
avec laine noire.

Icelle cuite en lait prise & humée comme potage, l'espace de cinq jours, fait
perdre la toux. Sextus Niger, dit que les
Maulves sont inutiles à l'estomach. Olim-
pias de Thebes disoit aussi qu'elles faisoient avorter, si on les appliquoit avec
graisse d'Oye. Aucuns ont écrit que les
femmes se purgeront aisement, si elles
prennent plein leurs mains de Maulves
& les mangent avec huile & vin. C'est
chose vraye & experientée, que si on
met des feüilles de Maulves sous une
femme étant en travaille d'enfant, elle en
sera plûtôt delivrée, mais cela fait il les
faut incontinent ôter, afin qu'elles ne fassent sortir la matrice. D'autres en donnent
à boire à jeun seulement le jus des feüilles
cuites en vin, aux femmes qui sont en mal
d'enfant.

D'avantage, à celles qui ne peuvent re-
tenir la semence de generation, il sub-
vient au bras la graine de Maulve, auparavant bien pilée. Elles sont toutes tan-

nées pour le déduit venerien, que la semence de celle qui n'a qu'une tige mêlée
en poudre, & épanduë sur le lieu secret
des femmes, leur augmente infiniment le
desir du charnel deduit, comme Xeno-
crate a laissé par écrit. Puis qu'elles profite aux maladies du fondement, si d'elle on l'étuve. On donne du jus de Maulve tiedes aux melancoliques, jusques à
la quantité de trois cyathes, & aux fols
enragez jusques à quatre, & à ceux qui
tombent du haut-mal la quantité d'une
hemine On applique aussi, non sans profit les feüilles de Maulves cuites en huile
sur feux acrez & bruleures comme quelquefois on les met cruës, pilées avec du
pain contre l'empetueuse trop vehemente
douleur des playes. Le jus d'icelle cuite
rend les conduits de l'urine doux & bien
coulans. On dit aussi que la decoction d'i-
celle büë, brise les pierres en la vessie, &
fait dormir La Maulve a cela de propre
& de particulier, que si on l'applique sur
morsures & piqueures de Mouches à miel
ou guespres, elle appaisent soudain les
douleurs.

De la Chicorée sauvage.

CHico-
rée sau-
vage ou En-
dive , croît
aux champs
par les che-
mins , elle
jette feüil-
les crene-
lées , qui
font presque
toûjours cou-
chez fur la
terre , gar-
nies de for-
tes branches,
& fi lâches &
fi tendres , que l'on en pourroit faire des
liens. La fleur bleuë quelquefois blanche,
qui fort par icelles, jufques au tems d'Automne , & s'ouvre à Soleil levant, jaçoit
qu'il foit chargé d'images , & avec lui fe
vironne au Ponant. ce refferre toûjours
par nuit, & ouvert de jour, de fes vertus
nous en parlerons par ci aprés aux médicamens.

La Joubarbe.

LA Joubarbe croît és païs des montagnes, & sur les maisons de village, elle fleurit és mois de May, & de Juin. Elle desseiche quelque peu & refrigere bien fort car elle est refrigerative au tiers degré. Contre arsure de feu ou d'eau il te convient prendre jus de Joubarbe, & la mêler avec huile de noix, cire neuve, & fait boüillir ensemble en les mouvant puis ôte les du feu & le laisse refroidir par deux jours, puis mets le dessus l'arsure, & elle guérit.

De la Patience, ou Parelle.

La Parelle a les feüilles dures & pointuës par le bout, graine herbuë & pointuë pendant à certaines petites queües, la ra=

La forme.

cine longue, jaune, ou saffrannée : elle croît ordinairement en lieu marécageux, prés des fossez. Cette herbe a semblable faculté que Vinette, on en fait des eaux bonnes, pour faire plusieurs médicamens, ainsi que tu verras aux remedes des maladies.

Ozelle, Vinette, ou Sallette.

Vinette vient en grande abondance, parmi les prez. Elle a les feüilles semblables a Pareille sauvage basse, & contre la tige, n'est pas trop grande, elle peut avoir coudée & demie de haut, la graine pointuë, rouge, vêtuë comme d'une feüille aigrette au goût, & naît ladite graine

La forme.

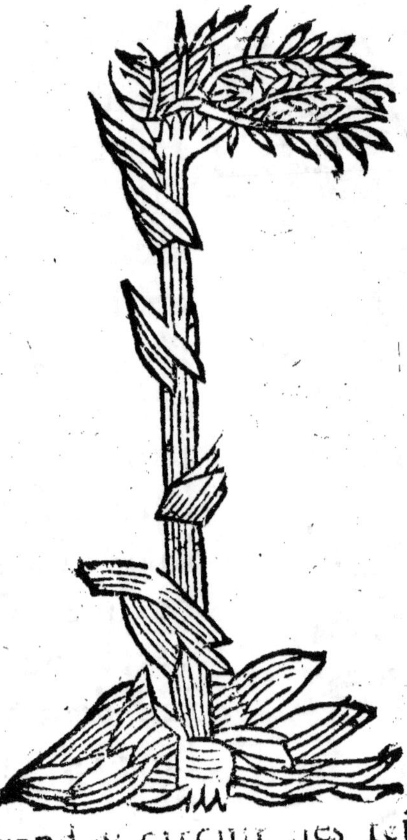

en la tige, & en ses petites branchettes.

Camomille ou Charmette.

IL se trouve trois especes de Camomilles, étant seulement diffe-
rentes endes fleurs, lesquelles combien qu'elles soient au dedans de couleur jaune doré, si est-
que les unes ont à l'entour de leur rond & circuit des feüilles, les unes blanches, les autres ausines, & les autres pur-
purées

Celle qui a par dehors au rond & circuit de la fleur des feüilles blanches, c'est celle proprement que Dioscoride appelle Leu-
cantier, non vulgairement dite Camomille.

Selon Galien, la Camomille est de vertu penetrante & subtile, par quoi elle digere, desépaissi, resout & lâche. Pource que la Camomille en subtilité des parties, est sem-

La forme.

blable à la rose , mais quant à la chaleur ; elle approcheaux facultez , & de l'huilequi sont àl'homme familieres & temperées.

Pource elleestmerveilleusement propre , & autant que toute autre chose pour délasser , & pour mitiger & appaiser douleurs. Davantage, elle relâche les choses tenduës & enflées , & amolit les duretez , elle ouvre par sa penetrante vertu & dissipe les choses constipées . & desépaissi les choses condenses & épaissies.

Outre plus , dissout les fiévres qui viennnnt sans inflammations d'intestins . & principalement celles qui viennent d'humeurs bilieuses & colleriques , & celles qui confiſtent en la deuſité & épaiſſeur de cuir. A cette occaſion les ſages d'Egypte l'ont conſacrez au Soleil, l'eſtiment ſingulier remede pour toutes fiévres, combien qu'en cela ils faillent, parce qu'elle peut ſeulement guérir celles que j'ai dit, & celles qui ſont déja cuites & preſque digerées, elles aident auſſi fort bien aux autres qui ſont melancoliques ou pituiteuſes & flegmatiques, ou procedantes d'inflammations de boyaux.

La Marjolaine.

Appellé en Latin, *Auricula moris* ou *Morſusgallina*, parce que les petits oiſelets ſe delectent à manger de ladite herbe. Les Oyſeleurs donnent de ladite herbe à manger aux petits Oiſillons en cage, quand ils ont perdu l'appetit de manger, ladite herbe eſt appellée Calcine en Grec pour autant qu'elle

aime les Forêts & ombrages . lesquelles
sont nommées en Latin *Auriculamorie* ,
pour avoir les feüilles semblables aux oreilles des petites souris La vertu d'icelle a
puissance de refrigerer , on en oingt les
yeux avec plantes qui étoit certaine viande faite de farine d'orge & fromage , contre les inflammations , le suc profite pour
la douleur des oreilles étant distilée dedans
b levement , elle a puissance de faire tout
ce que peut heloxine.

La Bourroche

SE nomme en Latin (*Juglosum baculat*
juba (ou *bovis lingua*) qui est à dire
langue de bœuf , parce que les feüilles res-
semblent à la langue d'un bœuf , les Ar-
boristes , & aux boutiques des Apotiquaires Barroche. Mais il y a une autre herbe
qui s'appelle aujourd'hui Buglose , comme
nous montrerons en son lieu.

 La Bourroche est semblable au Boüillon
blanc , ayant la feüille déprimée en terre ,
âpre , plus noire non dissemblable à la langue d'un bœuf , la fleur percée , belle &
plaisante : si laquelle description convient
tellement à cette herbe ; qui est aujour-
d'hui appellée en nôtre langue , Bourroche , qu'il n'y a homme ? s'il n'est plus a-
veugle qu'une taupe) qui ne voye que c'est
la Bourroche des anciens ; mais qui desire

La forme.

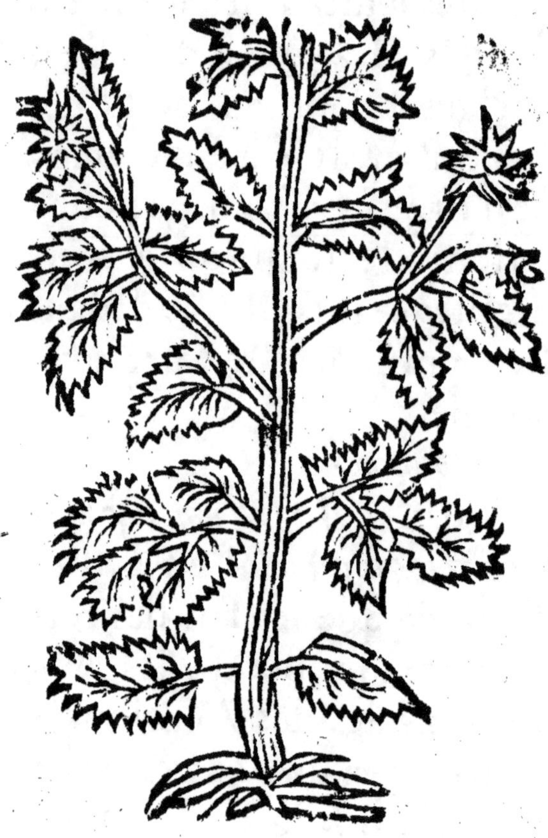

plus d'argu-
mens , qu'il
life ce que
nous avons
produits au
premier Li-
vre de nos Pa-
radoxes , au
Chapitre 31.
Je pense que
ci apréz il n'en
doutera.

On tient
que la feüille
de Bourroche
jettée dans le
vin , réjcüit

l'efprit , l'on dit que celle qui a jetté trois
tiges , broyée toutes avec les racines , & la
faveur prife en breuvage , vaut contre les
fiévres tierces , & celle qui en a quatre,
contre la fiévre quartre ; mais que la decoction foit faite en vin , difant auffi que
l'herbe profite aux excès.

L'on croit que la Bourroche jettée dans
le vin , eft caufe de lieffe & gayeté ; mais
auffi convient-elle à ceux qui pour l'âpreté

de la gorge, causée des catherres, & roux, cuite en eau miellée, la Bourroche provoque les urines, & appaise la soif, les tiges d'icelles mangées, soit cuite ou cruës sont bonnes aux passions & maladies de foye, en fait syrop pour les voyageurs, qui est fort utile.

Du Cerfeüil.

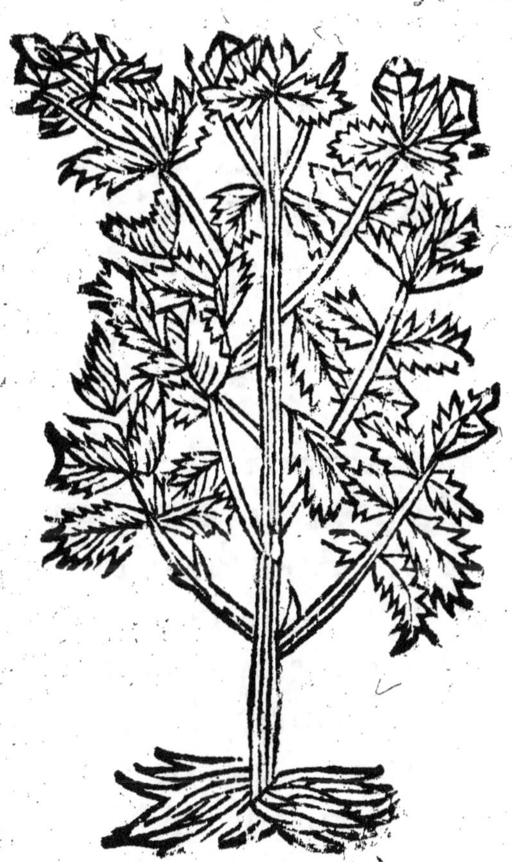

C Erfeüil ou Salmile se nomme en Latin, *Gingindium,* & és boutiques des Apotiquaires, *Cherefolium.* Or il est nommé *Cherefolium.* la voix Greeque & Latine s'entreliantes & joignantes à une, pour autant qu'il est abondant en feüilles, mais afin que le voisinage des noms n'engendre quelque confusion, & que la similitude des appellations n'impose ou ne s'avise le Lec-

teur peu expert : il faut entendre que le
Cerfeüil des Officines, est autre que le
Cerfeüil de Pline.

Il est bon à manger comme herbe plan-
tée aux Jardins pour manger, soit il crud
ou cuit, on le mange aussi confit & gardé
en sel. Il est utile à l'estomach, il fait uriner le détrempant : & la decoction d'icelui bûë en vin, est propre & convenable à
la vessie : les Modernes attribuant aussi les
facultez déja recitées à leur (*Cher Folium*)
car ils écrivent qu'il est merveilleusement
bon à l'estomach, & à provoquer les fleurs
aux femmes. & les urines cuit en vin ; en
sorte que d'icelles appert derechef qu'il
n'est autre ou divers Guinguidu des Anciens.

Sauge Franche.

LA Sauge est de deux especes nommées
des Latins & des Apotiquaires, *Sil-
via.* Or d'autant que cette herbe est tou-
jours haute : elle semble être sans suc &
sans humeur, il est avenu qu'elle a été des
Grecs dite (*Elelisphaon*) qu'elle seche, &
étique en chartre, & comme mêlée, éva-
chie de secheresse, les dictions s'entr'alien-
tes, & joignantes en un mot, ou bien plûtôt en un mal aux plantes, & quand en
Eté par la chaleur violente & brûlante des
jours Caniculaires, elle seche languissante

La forme.

& s'avachiſ-
ſant l'humeur
naturelle dont
elles ſont nour-
ries deffaillan-
tes en elles,
les Latins ap-
pellent ce mal
Siderations,
quand par cha-
leur exceſſive
les Plantes
meurent de
ſechereſſes,
mais elle eſt
des Latins dit
Salvia, parce
qu'elle eſt ſalutaire à quantité de choſes,
& principalement à rendre les femmes fe-
condes, elle croît aux lieux pierreux, rudes & raboteux.

L'une & l'autre ſe trouve aujourd'hui
preſque en tous Jardins au mois de Juin &
Juillet.

La vertu.

Selon Dioſcoride la decoction des feüilles & rinſeaux, fait uriner, provoque les

fleurs menstruales, & fait sortir l'enfant de l'amarry. Elle noircit les cheveux. L'herbe est utile aux playes & étanche le sang, la decoction des feüilles aux ruisseaux avec vin appaise les demangeures des parties honteuses, si on les en lave. Agrippa l'a appellé herbe sacrée, laquelle est bonne à manger aux femmes enceintes, si elles sont lâches & coulantes.

Car elle retient ce qui est conçut, & le fait vivre. Et si la femme boit un demi septier (c'est à-dire dix onces) du suc d'icelle avec un peu de sel, quatre jours aprés n'avoir affaire à son mary, & que puis elle y ait affaire asseurement elle concevra, on dit que quelque partie certaine de l'Egypte; les femmes sont forcées, aprés grande pestilences de boire souvent du jus d'icelle pour procréer, & produire enfans en abondance. Donnez dit Orpheus deux cyathes du suc de sauge à boire à jeun à ceux qui crachent le sang, & soudain sera étanché. On la boit avec absinthe contre les dissenteries.

Campanette

CAmpanette est nommée en Latin; *Helxine Campilio & convolvus*, le commun les Herbiers & Apotiquaires l'appellent (*Volubilis media & vitealitis*) Les François *Campognet Lizer* ou *vitteole*. Or elle est bien & dûëment nommée *Cissampe-*

los , car elle vient principalement aux vignes & à la feüille de Lizer , elle est dite *Convolvus* , parce qu'elle embrasse & entortille autour des plantes & arbrisseaux prochains. Le jus de ses feüilles pris en breuvage a faculté de purger le ventre à ceux qui en ont besoin.

Laituë.

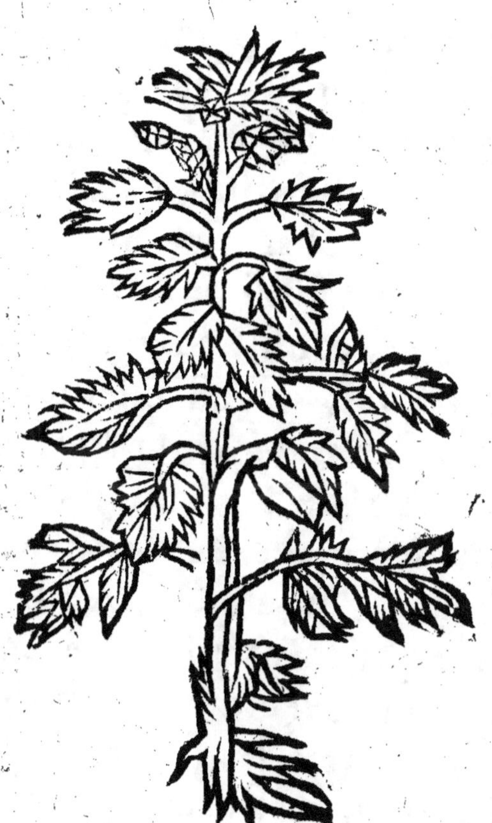

LA Laituë est nommée en Latin , *Lactea.* Les Apotiquaires on retenu le nom Latin · Elle est dite *Lectuca* , parce qu'elle est plaine de lait , qu'on vient tous docement lâcher le ventre , & pource les Anciens en usoient à l'entrée de Table , ce que Marc même témoigne par ses vers.

Pirm a tibi dabttur ventris Lactuca monendo utilis.

C'est-à dire on te donnera la laituë au

La forme.

commencement du repas, propre & utile
à lâcher le ventre.

La vertu de la Laituë cultivée est propre & convenable à l'estomach, elle refrigere, elle endort, elle amollit le ventre, & fait venir force laict aux femmes
quand elle est bouillie, elle nourrit plus,
& est bonne à ceux qui sont debile d'estomach mangée sans laver, la semence d'i-
celle bûë aide grandement à ceux qui en
dormant songent à paillardise, & étaint
les assauts & appetits charnels, mais les
laituës offusquent la vûë si on continuë
d'en manger, on les confit & garde-en
saulmure, dite *muria*, quand elles sont
montées en tige, elles acquierent vertu
semblable au jus au lait de la Laituë sauvage. Et du tout semblable en vertu au
pavaut, dont aucuns l'on mêlée avec jus
ou liqueur d'icelle prise en breuvage au
poids de deux oboles, avec eau & vinaigre, évacuë par le ventre les superfluites
aqueuse, & il dégâte la maille broüillard
des yeux, elle guérit les brûlures appliquée dessus avec lait de femme, bref, elle
dort & enleve les douleurs, elle pousse hors
les menstruë, on la boit contre piqueures

de scorpions , morsures de phalangues
la semence de Laïtuë sauvage empêche ni
plus ni moins que celle de la cultivée.

De l'Espurge.

L'Espurge on la cueille en Automne , lors qu'elle est pleine de graine, laquelle graine ne faut ôter de sa menuë écorce , en laquelle elle est renfermée jusques à ce que ladite écorce soit du tout seche. Six ou sept grains mis en pilules, ou mangez, ou autrement dégloutis avec figues datre, purge le ventre en beuvant, incontinent aprés de l'eau froide, ils évacuent le flegme, colere & humeurs acqueuses, le jus pris & accoûtré comme celui de tithimale a même vertu & efficace. On met quelques-fois en potage des feüilles d'Espure, ou avec autres herbes porageres.

Romarin.

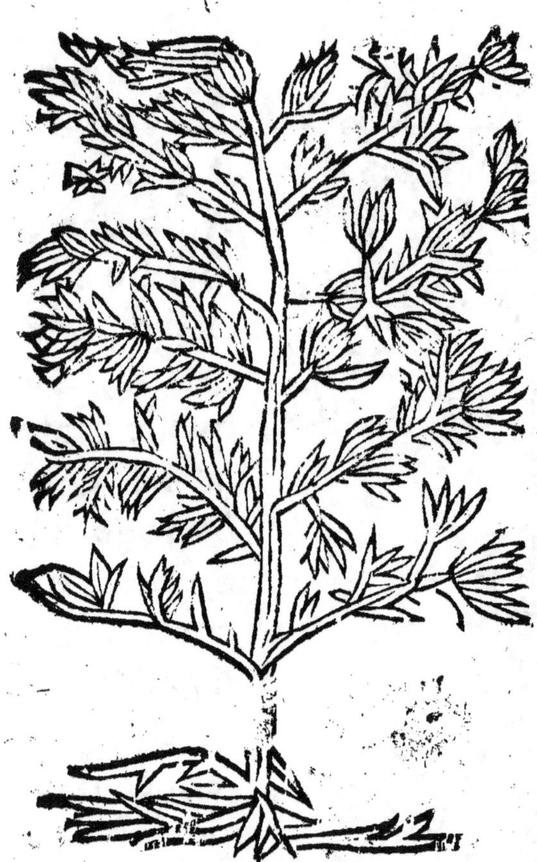

Romarin, on le cüeille au mois de May, & de là en avant jusques en la my-Septembre, il fleurit deux fois l'année, à sçavoir au Printems & en Automne. Il échauffe, il guérit la jaunisse, le faisant boüill-lir en eau, & puis en donnant à boire au patient de ladite eau, auparavant qu'il prenne aucun exercice ; aprés lequel faut qu'il se baigne, & boive du vin, on le mê-le avec medicamens propres à ôter lassitu-des & avec huiles. La decoction *Libanotis,* de laquelle on use à faire couronnes & cha-peaux, & que les Latins appellent *Romarin.*

rin, prise en un breuvage guerit la jauniſſe. Toutes eſpeces de linoris participantes
de vertû abſterſive & inciſive. Les modernes diſent que le parfum de Romarin
arrête les catherres, & appaiſe la toux. Ce
qui eſt en lui très-excellent : c'eſt qu'il
garde de peſtilence la maiſon en laquelle on
le brûlera d'autant que par ſon odeur &
fumée il en chaſſe le mauvais air, ajoûtant
auſſi pluſieurs autres facultez & vertus, à
ſçavoir qu'il conforte le cerveau, & les
ſens interieurs, la memoire & le cœur,
qu'il donne allegeance à tremblement, re-
ſolution, ou paraliſies des membres, il fait
revenir la parole, & peut beaucoup d'autres choſes, il n'eſt ja beſoin plus ample-
ment declarer.

Du Perſil.

LE Perſil au mois de May, les lieux où
croît, ſont quaſi tout blanc des fleurs
d'icelles, la racine de cette herbe bûë,
donne ſecours aux morſures des Phalangues, elle purge les flux menſtrual, & fait
ſortir la fecondine. On la donne bien
cuitte, & broyée dedans les bouillons &
en potages, pour humer aux gens en mai-
gris & etiques, non ſans profit. On dit
d'avantage, qu'en beuvant d'icelle deux

M

La forme.

ou trois fois le jour avec du vin au tems de peste, elle preserve ceux qui en boivent de ladite maladie.

Des Epinards.

L'on les seme au mois de Septembre, ne craignant les froidures de l'Hyver, afin de servir pour viande au Printems, l'on les seme aussi au mois de Mars, ils portent graines & fleurs sur les mois de Juin & de Juillet : les Epinards sont du premier ordre des choses qui refrigerent & humectent, molifient le ventre, nourrissent mieux que ne font les arroches, mais toutefois ils sortent aisement pour ne s'attacher au ventre, ils causent des ventositez ; incitent à vomir, si l'humeur des ex-

La forme.

cremens n'est jetté dehors, le jus de la decoction des Epinards lave le ventre, il n'est pas utile à l'estomach, & dit-on qu'ils se sont usurpez toutes les vertus de la Roche.

La vertu de l'herbe à la Reine asség connuë en tous lieux.

Ette herbe est appellée Nicotiane, à cause de la premiere connoissance qu'en a donné en ce Royaume Maître Jean Nicot Conseiller du Roi, Ambassadeur de sa Majesté au Royaume de Portugal aux années 1556. 60. & 61. Aucuns l'appellent herbe à la Reine ; mais seulement pour l'envoy fait d'icelle par ledit sieur Nicot à la Reine sa mere, autres l'appellent Petun mâle, qui est le vray

M ij

nom propre ufité par ceux du pays , d'où elle prit fon origine , elle reſſemble à la grande Conſolde, ayant la tige fort droite, ne declinant ça & là , groſſe, velée & viſ-queuſe , les feüilles larges , douces , filan-drées non decoupées , plus grandes prés de la racine que le haut. Sa fleur eſt ſem-blable à celle de Nielle , de couleur blan-châtre & incardine , ayant la forme d'une petite clochette ſortant d'une coſſe , en forme de gibelet , laquelle coſſe devient ronde. ſi tôt que la fleur eſt paſſée elle eſt remplie de graine fort menuës noires lors de leur maturité , vertes quand el-les ne ſont encores meures en pays chaud, porte feüilles , fleurs & graines en même-tems, les neufs ou dix mois de l'an , ſes feüilles & racines rendent un jus gluant & reſineux, tirent ſur le jaune. Requiert une terre graſſe , & en pays froid , être bien mêlée de fiens , ombrageuſe ayant le Soleil du midy , & au dos quelque mu-raille contre la biſe, elle haït le froid. Faut la ſemer à la my-Avril , ou au commence-ment ſelon le Printems en faiſant un trou de la longueur du doigt en terre , ſi jerter dix ou douze grains de ladite graine enſemble & recouvrir le trou : car n'en mettant que trois ou quatre, la terre la ſuffoqueroit, ſi le tems eſt ſec , faut ar-

rouſer legerement le lieu quinze jours a-
prés. Elle eſt long tems à naître , elle
née , la faut garder du froid & de la gelée,
l'herbe levée , parce que chacun grain aura produit ſa tige , & ſont envelopez les
filets de ſa racine les uns aux autres , faut
enlever leſdites racines avec leur monceau
de terre en ronds , & les jettez dans un
ſeau d'eau , afin de ſeparer la terre d'avec
les tiges & icelle étant à mont l'eau , les
prendre ſeparement ſans rompre , & ren-
velopper chacun à part ſoy , avec la terre
mere , & les tranſplanter à quatre pieds
l'un de l'autre au dos de ladite muraille ,
en amendant la terre , ſi d'elle même n'eſt
aſſez-bonne.

Quant à ſes vertus elle eſt chaude en ſe-
cond degré , & ſeche au premier , partant
ſelon l'experience elle guerit le col , mitige toutes vieilles playes & ulceres de
jambes , chancres , bleſſures de ferremens,
d'autres , des écroüelles contuſions , apoſ-
tumes , piqueures, de vive rougeur de viſa-
ge : les feüilles ſont meilleures que les racines , ſoit vertes ou en Hyver ſeches ou
à leur défaut la ſemence. La feüille verte à
moitté ſur le feu miſe par pluſieurs fois ſur
la tête , bras , jambes , appaiſe la douleur
froide & venteuſe.

Guerit la douleur ſciatique le lieu froué

premierement d'huile d'olive, ôte par semblable le poison de quelque bale ou d'ard mis sur la playe. Les playes de quelque partie du corps tant soient elles vieilles seront gueris si les lavez de vin blanc ou urine, puis les essuyez de linge, & incontinent y mettez le jus de deux feüilles seiches, & par dessus charpie, continuant jusques à guerison. La decoction des feüilles cuites avec l'eau de sucre ou sirop, prise au matin deux où trois onces appaise la difficulté d'urine, de toux & colique & douleur d'estomach. Le jus de l'herbe mis sur carbon, tant soit-il pestillent, les guerit soudain. Il fait le semblable aux vieilles ulceres : mange la pourriture & fait revenir la chair. Ce même remede peut servir à la morsure de chien enragé moyennant qu'on en use dans un quart d'heure. Les feüilles seiches de la Nicotiane brûlez sur un rechaut, la fumée d'icelle reçûë par la bouche avec un entonnois, garantit & guerit d'hydropisie, d'évanoüissement, & les asthmatiques reçûë des parties honteuses, guerit le mal d'amarry ou suffocation de la mere. Les feüilles ou leur jus avec le marc appliqué guerit toutes fouleures de bêtes, ôte les poteaux & principalement avec un cornet, l'effigie duquel voyez au côté de l'herbe appaise la faim & soif, sans qu'elle ennuye aucunement, chose approuvée par les mariniers.

Les Indiens ayant pris feüilles de ladite Nicotiane avec du vin, le tout bûë enfemble (aprés l'operation d'icelle) ufent de divinations. L'eau diftilée en alambic de verre, eft non moins finguliere que le jus d'icelle, étant versée fur les playes & enleveures, mulles aux talons, avec le linge y trempé. Faut pour fecher les feüilles les enfiler enfemble, puis les faut mettre en une chambre au plancher à l'ombre, & non au Soleil, vent, ni au feu.

FIN.

APPROBATION.

J'AY lû par ordre de Monfeigneur le Garde des Sçeaux, un Livre intitulé, *Hiftoire generalles des Plantes*, imprimé & approuvé le 28 Octobre 1705. Fait ce dix Juin 1723.

MOREAU DE MONTOUR.